大展好書　好書大展
品嘗好書　冠群可期

大展好書　好書大展
品嘗好書　冠群可期

血型系列
2

B血型與十二生肖

萬年青　主編

品冠
文化出版社

序言——明日幸福生活的指南

「占卜」可以窺古觀今，亦是探尋美好遠景的指標。在許多占卜術當中，「十二生肖占卜術」是中國自古以來傳統的重心，遵循陰陽法規並加以合理的推斷。因此，它是自古到今掌握人類運勢的神秘占卜術。

一個不甚瞭解占卜術的人，也許會說：「那個人是馬年生的，所以個性較活潑、開朗！」或是「這個人是鼠年生的，有刻苦、勤儉的精神！」等等。

因此，大多數的人對於出生年次的不同，所造成的性格差異，都有某種程度的認識。

可見「十二生肖占卜術」是如何深植一般人的心裡，並且與我們的生活息息相關。

本書是將「十二生肖占卜術」的奧秘，以及「血型性格判斷」的精華，做一空前的大結合。

我們可根據由出生年歲所推測的運勢和性格，加上精密的血型判斷，使我們更進一步地瞭解自己，並在未來生活中，發揮截長補短的功能。

在人生的旅途中，將會與何人相遇？會發生什麼事情？本書在性格、緣分、愛情、婚姻、人生等方面均有詳細解說，它將幫助您踏上幸福美滿的人生旅程。

目錄

十二生肖表

你的出生年代(民國)					生肖
民國 49 年	民國 37 年	民國 25 年	民國 13 年	民國 1 年	鼠 
民國 50 年	民國 38 年	民國 26年	民國 14 年	民國 2 年	牛 
民國 51 年	民國 39年	民國 27 年	民國 15 年	民國 3 年	虎 
民國 52 年	民國 40 年	民國 28 年	民國 16 年	民國 4 年	兔 
民國 53 年	民國 41 年	民國 29 年	民國 17 年	民國 5 年	龍 
民國 54 年	民國 42 年	民國 30年	民國 18 年	民國 6 年	蛇 
民國 55 年	民國 43 年	民國 31 年	民國 19 年	民國 7 年	馬 
民國 56 年	民國 44 年	民國 32 年	民國 20 年	民國 8 年	羊 
民國 57 年	民國 45 年	民國 33 年	民國 21 年	民國 9 年	猴 
民國 58 年	民國 46 年	民國 34 年	民國 22 年	民國 10 年	雞 
民國 59 年	民國 47 年	民國 35 年	民國 23 年	民國 11 年	狗 
民國 48 年	民國 36年	民國 24年	民國 12 年	民前 1年	豬 

7 十二生肖表

你的出生年代(民國)					生肖
民國 109 年	民國 97 年	民國 85 年	民國 73 年	民國 61 年	鼠 
民國 110 年	民國 98 年	民國 86 年	民國 74 年	民國 62 年	牛 
民國 111 年	民國 99 年	民國 87 年	民國 75 年	民國 63年	虎 
民國 112 年	民國 100 年	民國 88 年	民國 76 年	民國 64 年	兔 
民國 113 年	民國 101 年	民國 89 年	民國 77 年	民國 65 年	龍 
民國 114 年	民國 102 年	民國 90 年	民國 78 年	民國 66 年	蛇 
民國 115 年	民國 103 年	民國 91 年	民國 79 年	民國 67 年	馬 
民國 116 年	民國 104 年	民國 92 年	民國 80 年	民國 68 年	羊 
民國 117 年	民國 105 年	民國 93 年	民國 81 年	民國 69 年	猴 
民國 118 年	民國 106 年	民國 94 年	民國 82 年	民國 70 年	雞 
民國 119 年	民國 107 年	民國 95 年	民國 83 年	民國 71 年	狗 
民國 108 年	民國 96 年	民國 84 年	民國 72年	民國 60年	豬 

B血型

B 血型人的一般性格

一、可以一視同仁地和任何人交往

一般來說，B血型的人很率直，能一視同仁地去和任何人交往。因為他擁有強烈的好奇心，尤其是對初次見面的人特別關心，急於想和此人做朋友。

但是，很令人意外的他也有害羞的一面，因不善於交談，所以，有時候會引起初識朋友的誤會。

B型者通常不喜歡成為大組織中的份子，即使有些許的困難，也希望過自己的生活。

所以，不像O型的人那樣有強烈的敵對意識，對權威的反抗心理也較淡薄，他通常認為「別人是別人，自己是自己，自己的做法不需附和他人」，是個以輕鬆的心情來過自己生活的類型的人。

情感的起伏強烈，情緒易變也是其特徵之一。常會有聽到朋友失戀而為之落淚，或邊看漫畫邊大笑的事情發生。

在穿著服裝和談吐方面，都非常的有個性。用的並不一定是高級品，但卻希望以與眾不同的東西來裝飾自己。他也喜歡收集消息，依照自己的用意去解釋，因此具有可以把這些消息有趣地告訴他人的口才技巧。

二、有卓越的獨創性，但易對事物生厭

Ｂ型的人有時候會突然獨自一人外出旅行，經常使家人、朋友擔心。原本就是樂天派，富於生命力，所以能很規律地過生活。

但是，如果一旦容易對事物產生厭煩，沒有耐心，就會有失去對他人的信用，因而孤獨一生的危險。

Ｂ型的人最主動的是在發揮其天賦的獨創性的時候，他可以從異於他人且他人從未察覺的角度觀點，發表新的看法，而使周圍的人大感震驚。

在愛情方面，是屬於能適應時使性情變得溫柔，全心地去關懷戀人的類型。但也因心情易變，依自己的情緒隨心所欲去做，而突然地使對方感到失望，這種情形也常有。

有時候又會發揮過剩的同情心，而和沒有感情的異性繼續保持密切的友誼關

係。不過，他絕對沒有想欺騙感情，或是想要和其他異性做比較的心理，因為沒有一點邪念，所以，對方也不會對他心懷惡意。

即使有時會使對方稍微傷心，但結果，大都會認為「他是好人」，因此，在愛情方面是屬於有利的個性。

B血型

鼠年生的人

性格——和善而任性

B型鼠年生的人，是孤立型的。同時具有易相信他人的和善面，以及非常任性的一面。是個毫不隱瞞而能把自己表現於外的人。不在乎周圍的人，而按照自己的意識行事。

有時也相當執著於自己的看法，想做什麼就必定去做的頑固型人物。比較上，有個缺陷，那就是易受他人之騙。

總而言之，基本上B型的人是以自我為中心而行動的。做任何事情、和任何人交往，都會用自己的方式來處理，所以，沒有比這種人再正直的了。這種人不會在暗地裏施詭計，也不會為了博得他人的歡心而奉承。

對事情不甚拘泥是一大特徵。認為過去的事就讓他過去，不會把煩惱帶到明天。

同時，對於別人的煩惱和不安，也不太想去了解。因為性情和善，所以，會盡力去幫忙有困難的人，但並不關心他人煩惱的深度如何。

人際關係——充滿人情味的氣氛

B型屬鼠的人，是屬於認生類型的人。初次見面的印象極差，而被誤認為不和善的人，這是常有的事。但是，若經常往來，這種情形是會改善的。

由於不喜歡附和他人的意見，有時容易與別人發生隔閡，但是，這反而會產生有人情味的氣氛。

不易認輸的性格，即使是親密的朋友，也有與之競爭的意識，甚至有激烈的對抗情形出現。但他不是有意的，因此很快就會遺忘。

而且，B型屬鼠的人是屬於行動派的。比較不會自我主張，但會參加各種團體來擴大其交際範圍。

有時候會突然出現。因為一向都以自己本位行動，所以，常為了自己的方便，而變更約好的時間。而其身心一有不好狀況，便會將其不悅的表情表現於外。若其自尊心受到傷害，隨即大怒，而使周圍的人為之吃驚。

人生——好像很慎重，但也有情緒易變的一面

看似準備周全、對任何事都很謹慎、情緒也特別易變等，是B型屬鼠者的人生。雖然有時自己會著實去計畫，以萬全的態勢去應付事情，但那也只是自我陶醉而已。雖然最初他會按照自己的想法去做，但後來常會隨狀況的變化或時間的變遷而使其原先的計畫發生重大的改變。此時的他，往往不會努力去修正此變化，反而常會改變自己的主意，把計畫完全變更。

從旁看來，非常的危險且不安定，但很意外的他自己並不在乎。因為B型屬鼠的人無論在什麼狀態下，皆能堅守自己的原則，且認為只要能表現自我就可以了。與其去遷就他人而獲得成功，不如自由自在地去享受自己的生活。

因不認輸且自尊心很強，有時會格外努力以便超越他人。此種精神若能持續下去，便能成功。然而，在獲得成就感之後，精神便會因而鬆弛，且回復到原本自由的個性。屬這種類型的人很多。

機運——必須抑制自己的主張

說好聽一點，這種人事「遵守自己原則型」的人；說不好聽的話，是「自我為中心型」的人。這種人若能突破難關，機會自會上門，然而，問題在於他是否能克服難關？若太固執而忽視他人的看法，機會便會喪失。

但是，這種人是不會長久陷於對過去的懊悔中，所以，會很快地恢復正常。若能抑制自己的主張，客觀冷靜地判斷周圍的狀況，即能突破新的難關，獲得良好的機會。

職業——適合獨立自營事業的類型

這種人與其作為組織中的一份子，還不如獨立自營。

B型屬鼠的人可活用其行動積極的個性，及廣範的交際範圍，去經營小商店、專賣店或咖啡館。他那我行我素不受任何事物所拘泥的個性，即使稍遇困難也能加以克服。

若參與組織團體，可別從事單純的事務工作，應選擇多彩的營業工作。因為此種人競爭意識較他人強一倍，所以，要成為最好的業務人員並非不可能。

愛情——我行我素，純純的愛

B型屬鼠的人，對其情人相當難應付。有時非常的溫柔，有時卻非常的不高興，所以不可以不注意。但是，要甩開B型屬鼠的人置之不理，那是說不過去的，因為這種人非常單純且和善的。

B型屬鼠的人，在愛情方面是依己意而行事的。認為自己會疏忽的地方，情人必然也會疏忽；自己覺得不愉快，情人也會覺得不愉快。因此，對此種人來說，情人對自己的關懷是件不可思議的事。只要情人能和自己一起高興，一起悲傷就夠了。

此種人愛的方法非常的坦率、單純。喜歡的話，就很直爽地說喜歡，不喜歡就說不喜歡，毫不加以隱瞞，甚至不會討價還價，而按照自己的意思過率直的生活。

雖然可說缺乏風趣，但他如孩童般天真、單純的一面，足以涵蓋其缺點。

婚姻——極厭惡被家庭束縛

B型屬鼠者，有「非常不願因結婚而受家庭束縛」的傾向，認為夫妻都是平等關係，而且雙方都必須保持自己應有的範圍。

對於結婚對象的收入或學歷完全不在乎。但如果不能雙方保持自由的話，就寧可不結婚。

總是努力做個家庭主婦，不是個草率之人，對子女的教育也非常重視。

性愛——不拘泥於常識及他人的眼光

B型屬鼠的人對性愛有特別強烈的關心。由於不拘泥於社會的常識，及他人的眼光，因此，會隨著自己的慾望去從事自由自在的性經驗。

不過，他們並不是那種沉迷於性愛的人。即使和很多異性交往，也絕不會破壞自己的形象，經常能以冷靜的眼光去觀察對方。而且常希望自己和對方都能保持自由，對異性之風流也能有寬大的包容心。

適合你的結婚對象

【屬鼠的人】

依自己的意思行動，是B型屬鼠者的共同特徵。即使想配合他的行動，也無法做到。若勉強行之，則易陷於嚴重的慾望不滿，這對精神衛生上就會有害處。

所以，最好能培養個人的友情。

【屬牛的人】

雖然他非常注意你，但卻不接近你。不過，在幾次的約會後，很自然的就會和他親密起來。

在他和你之間，不須交談，只要兩人在一起愛情便會提升。

和這種人在一起非常適合的。

【屬虎的人】

這種人很自信，常會在他人面前宣稱要你成為他永久的情人。

但是，若上了他的當，而開始與之交往，常會為他的專制個性而煩惱。因此，和這種人戀愛，以後就麻煩了。因為他的個性會壓抑住你的個性。

【屬兔的人】

在星光滿天、輕風拂面的海邊，兩人相擁而行，你與他的愛情是熱烈且有羅曼蒂克氣氛的。但是，在夏天結束的同時，這種愛也會隨之消失。這種愛情是不會持久的。

【屬龍的人】

性情老實的你，會令他非常地喜歡，雖然片刻也不想讓你離開

她身邊，但是他也不會勉強地束縛你。他有寬大的胸襟，也能給予你安全感。跟著他是絕對不會有問題的。

【屬蛇的人】

此類型的人，是最不適合你的對象。因其心胸狹窄，不適合你的個性，常誇耀自己的性能力，而使你對他生厭。

因他和你的人生觀不同，所以，即使在一起也會引起你反抗的心理，使你心情不愉快。

【屬馬的人】

你們在一起是戀人，也是朋友，能像普通關係一樣交往。周圍的人們不會以異樣眼光對待你們，所以儘可輕鬆地交往。你和他也都是受歡迎有人緣的人。

不過，建議你不要因被過於奉承而忘了他的存在，否則他會移情別戀的。

【屬羊的人】

在約會時，他都沉默寡言，即使問他原因，他也說不出個所以然來。而且會對你昨日所說的話耿耿於懷。

你和他的感情週期不相符，所以必須相當努力，才能和他處得很好。

【屬猴的人】

他是喜歡遊山玩水的人，而且也非常喜歡和你一起拍照留念。兩人的興趣完全相同，無論去任何地方，都不會覺得無聊。只是你的任性，卻使他異常的煩惱。

【屬雞的人】

在討論會中一直很顯眼的他，始終以扮演主角的身分存在著。無論發生任何事情，都會使你有安全感，當兩人相愛時，他會變得

溫柔和善。

但是，他不是實行派的人，若無你的引導，你們的關係將不會有所進展。

【屬狗的人】

他不懂得如何去應付個性多變的你。雖然他喜歡你，但因受你的支配，而使他沒有男子氣概。

雖然年輕，但總是被古老的觀念所束縛，他也要求你要和他一樣的保守。

和此種人交往，開始時可能合得來，但結果並不會太好。

【屬豬的人】

屬豬的人都具有衝勁，會對你專一，但你的心並不像他對你般專一。這種人無創意，不會改變角度去判斷事情。因此，他若不了解你，而你卻與之交往，將是你的不幸。

如何表現你的魅力

是個喜歡依己意過活、自由奔放的人，服裝上以與眾不同，且能表現出個性的款式較合適。像法國名牌時裝、迷你裙等流行的時裝。但是，鑲有很多縐邊的服裝，將使原本的魅力減半。儘其所能地表現出自己的個性，是增加魅力的訣竅。

但這種人衣著穿得多麼高級，如果不考慮他人的心情，依然是缺乏魅力的。所以不可忘了要多關注他人。

選擇適合你的對象

溫柔又體貼的人，是比較適合的對象。你或許會覺得不太滿意，但是，當你事情做得太離譜時，他能使你恢復正常。

但如果是膽小、猶豫不決的人，會經常與你發生衝突，而無法和氣相處。

特別應該選擇屬於課業或工作上行動派的伙伴。和行動派且體貼的人共同協力的話，就不必擔心，一切都會順利。

給你的建議

【學業】 在考試前或心情愉快時，會通宵達旦地用功；其他時間就不會太用功，是屬性情相當易變的類型。

原本就有不認輸的個性，所以，如果能努力不懈，應可獲得相當的成績。因此，必須事先做周密的計畫，持之以恒的努力。

【事業】 B型屬鼠的人，自己單獨工作，不會發生問題，工作能順利進行。但和他人一起工作的話，往往容易變得任性，所以，必須配合協調他人。具有協調性，是使工作順利進行的秘訣。

【經濟】 原本是有財運的人，但常受其不拘泥於事的個性之害，而浪費了不少金錢。而且金錢得來容易，去得也快，所以有儲蓄的必要。

【健康】 乍看起來很虛弱，但事實上身心都非常健康。隨著情緒的改變，有時通宵不眠，有時吃太多，有時也可能不吃東西，所以必須過有規律的生活。精神方面，不會鬱悶，生活上也不會有什麼大問題。

B血型

牛年生的人

性格——有獨特創意的類型

B型屬牛的人，是屬於有個性的類型。在日常生活的舉止中，這種個性不太會表現出來，但與之交往較深的人，就會有「他是一個個性特別的人」的感覺。

這種人的想法也較為獨特。常有他所說的話是真是假，而讓人摸不著頭緒的事情發生。

由於不輕易將感情表露於外的個性，以及內面的獨特性，常被人形容為「太空人」。

常使人有「怪人」的感覺，同時也有認真的一面，這就是B型屬牛者的特徵。

雖侷限於自我的世界中，但他不會忘記對周圍人的關心。因此，他雖然舉止特異，但決不會太離譜。

而且，B型屬牛的人，相當的害羞，雖然腳踏實地地努力，卻羞於表現出來。有時，雖對某人懷有相當的好意，卻不敢說出口。怪人的形象或許就是從此害羞個性而來的。

人際關係——個性害羞，不易與人交往

B型屬牛者的害羞個性，會很明顯地表現於人際關係上。不善於把自己的想法坦率地表達出來。對懷有好感的人也會為了避免對方的發覺，而表現出冷漠的態度。

看電影時，即使大家都很感動，他也會裝出沒受影響的樣子。在真正使人感動的時候，也可能說：「無聊」。如此，當然是會被周圍的人認為性情怪異，但事實上它卻很富於人情味。

此種人溫柔的心理，能將他人的優點完全涵蓋。因此，一旦與B型屬牛的人進展到親密的程度時，便能永久地保持朋友關係。

不過，B型屬牛的人，在交際方面是容易吃虧的人。如果有人發覺他心中和善的一面，就不會有什麼問題了。但是，大多數的人都以為他不易接近，且被他孤傲的外表所惑，而與之保持距離，以致彼此無法形成親密的關係。

人生——在現實方面是走穩健路線的人

看起來像載走鋼絲一樣危險，其實是很穩健的——這就是B型屬牛者的人生。有時候會計畫出令人意外的事，或嚮往無法實現的夢想；但在實際的生活上，一定是選擇穩健的方向去做。因為她並不講求速度，努力想要有成果，是需要花相當時間的。特別是年輕時，會有一段時期不太順利，可能會使他相當的沮喪。

不過，因其具有克己心，所以中年以後，必能達到目標。若能充分發揮其充滿創意的開拓精神，便可在非常廣泛的領域中活動。

問題是他能否與他人協調。B型屬牛者，會依自己的信念去做事，對於一起生活的人，不會輕易表白自己的心意。

當然，若沒有堅定的信念，就無法和他人充分協調的，但B型屬牛的人，會過分侷限於自己的信念，不會忘記和諧才是成功的關鍵。

機運——中年時有大好機會

是屬於腳踏實地、不斷努力的類型。雖然經常事倍功半，但他不會因此而洩氣。

年輕時，做任何事都不會很順利，也不易逮到好機會。但千萬不可失望，要繼續努力下去。無論何時，若能經常繼續努力，中年以後，他的努力必有成果，也能掌握大好的機會。

職業——服裝設計等手藝的工作

因是內心隱藏著豐富人情味的B型屬牛者，所以，若能保持其坦率的性格，必將無所不能。

特別是，他能利用踏實和富有人情味的個性，去從事服裝設計的工作。因為服裝設計及寶石設計都必須經過踏實地努力，才能學成，所以均很適合。總之，你的個性是較適合手藝方面的工作。

在從事須和他人協調的工作時，必須坦率地表達自己的意見。

愛情——經常期望能有溫柔的情人

B型屬牛者，經常渴望愛情。因自尊心強烈，常表現出對異性的漠不關心，可是內心卻期望能有一個溫柔而又了解自己的情人。

B型屬牛的人，不善於談情說愛。因其害羞的個性，不善於表達自己內心的愛意，因此，絕對不會有去誘惑異性的舉止，對於異性的積極追求，亦冷淡對之，因而常失去大好的機會。

心中強烈的欲求和不善於談情說愛之間的矛盾，經常環繞在B型屬牛者的身邊。能消除此矛盾的，只有了解B型屬牛者個性且心胸寬大者。若能遇到這種能了解自己的人，他便可一改以往的冷漠，變成活潑開朗的人。

因此，一旦和所愛的人結合，B型屬牛者便能發揮其天生的溫柔及包容心，而且很奇怪地，在情人面前，一點也不表現出他固執的個性。

婚姻——是個性情溫和而沈著的家庭主婦

B型屬牛的人，對婚姻滿懷憧憬。即使在社會上工作，也是工作十分努力的人，因此，在他心底，會為他所愛的人奉獻一切。

女孩子一旦結了婚，過去當小姐的個性會完全消失，而變成溫柔沈著的家庭主婦。

善於和丈夫的朋友、家人交際，也能創造和樂的家庭氣氛。

性愛——要體驗性愛，必須花相當長的時間

B型屬牛的人，對於性愛不會把欲求表現出來，相反地，卻呈現出輕微的厭惡感。例如：別人誇耀他自己的性經驗時，他會明顯地露出厭惡的表情，有時甚至會以強烈的口氣加以責備。

要和異性深入交往，需要經過相當長的時間。而且一旦發生了關係，就不會自

動要求和對方分手。

適合你的結婚對象

【屬鼠的人】

他很能了解人的心理，是最適合不善於言辭的你的對象。

他很欣賞你溫柔、害羞的個性。具有天真的個性及母愛的你，對他而言也是最適合不過的了。你們倆將可緊緊地結合在一起。

【屬牛的人】

你們倆都是個性頑固的人，倘若再不善於表達情感，那麼，你們的友誼將不易發展成愛情。兩人的個性都很特別，所以，談話也會和一般人不同。

與其成為戀人，不如做朋友來得輕鬆，也比較不會有麻煩。

【屬虎的人】

這種男人雖然你認真地對他說話，但他卻不仔細聽，甚至會對你吼說「你的話我一點也聽不懂」。

這樣便會傷到你的心，使你覺得連說句話也會害怕。你和這種人個性是不會合得來的，還是及早與之斷絕往來吧。

【屬兔的人】

有氣質、愛打扮的他，似乎是理想的男人。當你們在一起時還好，但一旦不在他身邊時，就很難預料他會做出什麼事了。他性情風流，他的話並不一定只對你一個人說，也可能去對別人說。

千萬勿被其甜言蜜語所迷惑。

【屬龍的人】

他美麗的夢、崇高的理想，會使你興奮。當你們一起工作時，

他這種理想會更加擴大，更能提早實現。和他談戀愛，不如作為他工作的伙伴更來得合適。

與這種人在一起，只有互相幫助，才能踏上成功之路。

【屬蛇的人】

他可說是「愛情魔術師」。他的戀愛技術，能使原本謹慎的你，一變而為奔放活潑的女性。

與他住在一起，你會得到幸福，生活會多采多姿，且富變化，他是改變你生活的男性。

【屬馬的人】

他的情緒易變，追到你以後，立刻就會再去追求別的女性。個性內向的你，因無法對他抱怨，而常感煩惱。

天下並不只他是男人，試著甩開他。若他能反省，就可與之繼續交往，否則還是及早分手較好。

【屬羊的人】

這種人即使被朋友誤會而議論著，也不會加以反駁。當他生氣時，他可能會把你留下而自己離開；事情過後，他又會向你道歉，你也會原諒他。

他最重視的是自尊。因此，若與之交往，最後連溫柔的你也會對他生厭。

【屬猴的人】

在悠閒的假日裡，只有你們兩泛舟湖上，微風吹拂，光波互映，倒此為止，似乎充滿著羅曼蒂克的氣氛。

他會讓你划船，而自己「左、右」地發號司令。與此種人交往當然是不會有氣氛的。

【屬雞的人】

不善於表達的你，和能言善道的他正好相反。但是，這也是你們互相吸引的地方，你會熱心聽他說話，他也會努力去了解你的個性。

互相彌補對方的缺點，轉變為優點，使你們成為適合的一對，使得對任何一方來說，彼此都是不可或缺的。

【屬狗的人】

一旦別人謠傳你的不是，他不會袒護你，反而會懷疑你。他的情緒不穩定，易受他人言辭所迷惑。問心無愧的你，會對他這種個性感到非常失望。

這種人是個正直的人，但無視人的眼光，與之保持距離是上策。

【屬豬的人】

外表看來正直，是個有原則的人。其實，想法膚淺，擁有無根據的自信。當自信一破碎，他會變得非常懦弱，而使你失望。

若果被你的個性所壓抑，意志不堅的缺點，就會更加明顯。所以，這種人不適合你。

如何表現你的魅力

B型屬牛的人，是有個性的。但是，個性踏實的你，不適合追求流行的服裝。雖然穿的是正統的服務，但卻與眾不同，反而能增加你的魅力。例如：考究的裝飾品、鞋子、皮帶等，都很適合的打扮。

不過，最重要的還是要把你溫柔的個性，坦率地表達出來。

選擇適合你的對象

對於不易與人接近，且往往被誤會為「怪人」的你，會加以包容的人，將是適合你的婚姻對象。

雖然B型屬牛者不會將感情表現於外，但是，若接觸到大方的人，便能將其原來誠實的個性表現出來。

和你一樣害羞、膽小的人，不適合你。若選擇課業或工作上的伙伴，你將永遠不會進步。最好選擇有膽識、具行動派的人為宜。

給你的建議

【學業】 B型屬牛的人會踏實地去努力，所以無論那一科目都能獲得相當好的成績。特別是需要持之以恆地學習英文、數學，也都能獲得足以誇耀的成績。

主要科目以外的音樂、美術、體育等，也要努力不懈。

【事業】 雖然是很勤勉的人，但常常由於害羞而遭他人的誤解，因此，在會議或聚會的場合，有必要表明自己的意見和看法。

別人不喜歡做的工作，他會很高興且耐心地去完成。但是，有時候需和別人共同合作去完成工作，也是很重要的。

【經濟】 會在不知不覺一點一點地把錢存起來。而且會持續下去，達到你心裡的目標。

他不懂得為別人而花錢，所以，經常被人譏為吝嗇鬼。因此，有時候也需要送些禮物給朋友或兄弟姊妹。

【健康】 是個身心都健康的人，由於對自己的健康過於自信，所以，千萬要小心不可疏忽了暴飲暴食或生活不規律，是健康的一大敵害。而且必須注意因運動不足所造成的肥胖。

每天早晨須做慢跑或韻律操等的運動。

B血型

虎年生的人

性格——雖然輕浮，卻又坦率開朗

B型屬虎的人，是屬行動派且開放的類型，想到什麼就會立刻付諸行動，而且不管是誰，都會把自己的想法毫不隱藏地告訴他。與個性陰險的人相比，正好成對比。是能與朋友一起分享快樂的人，雖然在身旁始終都洋溢著開朗活潑的氣氛，笑聲不絕於耳，但他也有輕浮的一面。

由於經常在行動前毫無準備，故會事後才來後悔。對於所做的事經常很快就厭煩，所以無論任何事，最後都會半途而廢。

但是，由於個性非常的坦率，所以，對於自己的錯會立即認錯、道歉，即使發生事情，也能有驚無險地度過。此種人是屬於受長輩疼愛型的人。

人際關係——對任何人都一視同仁

B型屬虎的人，能不分界限地和任何人交往。和朋友交往並不受限於他人的身世、能力，他認為「四海之內皆兄弟」，因此，他能和任何人開朗地交往。結交很多朋友，且能與朋友一起分享苦樂，這是他的夢想。甚至還希望能建立更廣泛的人際關係。

由於他沒有顧慮，如孩童般天真，周圍的人因而會毫無戒心地接近他。認為「人際關係是重要」的B型屬虎者，若為了人際關係的圓滑，即使犧牲自己也無所謂。經常會拿很多錢去幫助有困難的人，自己卻過著窮困的生活。對於自己決定去做的事情，即使吃虧也絕不後悔。

他這種「以人際關係為第一」的作法，常被人譏為多管閒事。同時，由於和多數人同時交往，所以交情都不深，只能在表面上保持關係。

人生——心存希望才能生存下去

B型屬虎的人，善於處世，其最大缺點是缺乏計畫。做任何事都毫無計畫。能力、鬥志，行動力各方面，都不比別人差。因缺乏計畫及集中力，所以始終無法獲得成功。而且他所特有的創意，無形中會被他人利用而吃虧。

不過，B型屬虎的人，心中所具有的希望，永遠不會消失。即使屢次被騙而遭到挫折，他也能馬上恢復，且開朗地重新開始。

B型屬虎的人，經濟方面來說，是容易吃虧的類型，對其本人而言，只要有希望就足夠了。也就是說，最後他還會過著幸福的生活。

但是，對於和B型屬虎者一起生活的伴侶而言，卻是有害的。當然，也就經常可以聽到抱怨之辭。實際上，B型屬虎的人常會被其伴侶拋棄。

機運——要具有計畫性才重要

B型屬虎者，天生就是個幸運兒，即使三緘其口，機會也會自己找上門。但因做事缺乏計畫，往往會錯過難得的機會。甚至機會來臨時，也沒有發覺。

他不會被小小的失敗所挫，即使錯過了第一個機會，也要等待下一個機會，並有計畫地去利用它。

職業——適合從事能「活用社交」的工作

是屬於積極、善於社交的類型。缺乏集中力和計畫的B型屬虎者，對於做個普通的職業婦女，無法滿足。也不適合去當有耐心的手藝家或打卡員。

若從事要與大眾接觸或跑業務的工作，如銷售員及營業性的工作，他都能很活躍地大放異彩。而且他也可以利用其社交能力及強烈的好奇心，而選擇電視記者或採訪員，但是，做任何事都要謹慎行動。

愛情——如向日葵般地大方

B型屬虎者的愛情，如陽光普照下的草原上盛開的向日葵一樣地大方、艷麗。如果他愛上了某人，全身都會表現出喜悅之情，而且能毫不猶豫地奉獻自己的愛給對方，並向周圍的人公開，且光明正大地交往。

他的感情不會讓人有故意做作的感覺，而使人有發自內心深處樸實自然的感覺。被B型屬虎者所愛的人，會沉醉在他的愛中，且被他的愛感動。

但是，B型屬虎的人感情很豐富，不會只向一個人傾訴，因此，往往會同時愛上兩個以上的異性，而且對這種事情，他從未覺得有罪惡感。

婚姻——不注重形式而注重內涵

B型屬虎的人，不重視結婚形式，他認為兩個人真心的愛情，比形式上的結婚證書來的重要。由於這種個性，有時候有可能成為未婚媽媽，或發生違背人倫的關係，但是他並不在乎，而且公然行之而不怕社會的輿論。

婚後，會被配偶以外的異性所吸引，而發生感情。這感情並非輕浮的，而是將一切奉獻給對方的激情。

性愛——是屬於開放的性

B型屬虎者的性愛，就如同在戶外的運動會般，會全力衝刺汗流浹背，不會有暗淡的氣氛。而且雖然一度曾和對方發生關係，但他不會再繼續下去，他就是這種個性直爽、乾脆的人。

很多異性會被他獨特的活潑個性所吸引，樂於與之接近，而且由於自己是屬於積極類型的人，通常性經驗都比別人多得多，因此，被人形容為風流女子。

適合你的結婚對象

【屬鼠的人】

他會被你的愛情魅力所迷，在不知不覺中便與你開始交往。但由於你活潑開放的個性，會掩蓋了他的存在，所以，若不尊重他的

話，你們的戀愛將會失敗。

【屬牛的人】

他做起事來笨手笨腳，你會輕視他。

雖然你們倆的生活方式不同，你做作的態度，同樣會使他愛上你。但若你玩弄他的感情，日後吃虧的必是你。

【屬虎的人】

凡是有你們兩人在的場合，氣氛都會非常熱鬧。兩人真誠的相愛，會演變成熱烈的愛情。但是，彼此的自我主張都很強，所以很快地就會分手。

【屬兔的人】

你強烈的個性，會使他生厭。雖然你文雅溫柔，但你卻總是在旁騷擾，他的情緒也會立刻變得不穩定。如果你想被他愛的話，就

需具備女性的溫柔及慈祥。

【屬龍的人】

雖然你們兩人的生肖不同，但相似的地方卻很多，兩者都有遠大的志向，個性上誰都不服輸，不管對方是男是女，都會相互競爭。但是，和好的競爭對手交往，會使雙方成長。

【屬蛇的人】

他被認為是個具有神秘魅力的人，但這種魅力反而使你著急而對他大喊：「把所想的說清楚。」比較起來，他比你來得熱情，你的心像燃燒不起來似的。

【屬馬的人】

是個性開朗活潑的人。當兩人在一起時，會添加周圍的氣氛，使之變得明朗。

他打來的電話也很特殊，以各種不同的聲音來使你高興。你們倆可能會終生廝守以走完這短暫的人生旅途。

【屬羊的人】

個性溫純，但不坦率。屬於此生肖的人，不適合你，即使你以明朗的態度對待他，但他的反應仍然遲鈍。所以，經常使人懷疑「此人的興趣是那方面的呢？」

你所沒有的纖細，是應該向他學習的地方，所以，你應把他當朋友般來交往。

【屬猴的人】

任何聚會都會參加的他，在男人之中就像你在女性中一般地受他人的注目。兩人不久就會情投意合地墜入戀情。但是，兩人的情緒都容易改變。自己的事情置之不理，但忌妒所引起的激烈爭執，會不斷發生。

所以，須謹慎行動。

【屬雞的人】

他是那種當你們一起散步時，脫下外套置之於水漥上，然後欣然牽起你的手，這種矯柔造作的人。他的行動常會使你發笑，但這種舉止也會傷害到他的自尊心。

若你能改變態度，就可以繼續交往下去。

【屬狗的人】

他是個很在乎他人眼光的人，因此，若你在咖啡廳稍微地大聲說話，他便會不高興。

當兩人獨處時，他會特別大膽地帶你到無人的地方，在那兒傾訴愛意，而使你覺得非常舒服，當然，他說話的口吻也格外地甜。

【屬豬的人】

雖然你說不，他還是會撫摸你的身體，因為他總認為女人是口是心非的。

做任何事情，他都不考慮時間、地點、場合等限制的人。和這種自以為是的人交往，處理不當的話，將會變得很糟。

如何表現你的魅力

由於你的個性開朗，所以，在你的周圍經常有朋友的笑聲不絕於耳。能使你顯得出色的服裝，是運動服裝或牛仔裝。這種服裝，不管何種式樣都很適合你，你毋需擔心身材，毅然地去試穿看看吧。由於你的個性開朗又富行動力，不管何種服裝都很適合你。

若要穿裙子，穿麻質長裙的裝扮較適宜。

選擇適合你的對象

B型屬虎的人，不管和誰，只要稍有往來，都能順利交往。但是，如果要深入交往的話，那就另當別論了。你應該選擇能彌補你這種缺乏計畫的個性的人。

特別是工作或研究課業的同伴，應該選擇冷靜、對任何事都慎重處理的人。因為個性上和你完全相反，所以，開始交往時或許會有困惑或不滿的感覺出現。隨著關係的密切，就可以彌補彼此的弱點，你應可放心地和他交往。

給你的建議

【學業】　B型屬虎的人，雖然本來什麼事都能做得到，但考試時，成績卻不很理想。所以他必須事先訂定計畫，做好準備，絕不可半途而廢，而且在考完考卷時，一定要再檢查一遍。

【事業】　B型屬虎的人，在公司是個有人緣的人，人際關係很好，但卻不喜歡上班。B型屬虎的人大都會變得如此。

B型屬虎的人，早上上班時一定會先訂定當天的工作計畫，而且要努力做完。

【經濟】 雖有財運，但卻不懂得存錢。一有錢就帶朋友去玩樂，或送禮物給朋友，是用錢比賺錢還喜歡的人。應該注意好好計畫儲錢。

【健康】 是個身體健康的人。但是經常玩得太過分，或勉強熬夜看書，所以應該更保重身體。

最重要的是，是有規律的生活。

B血型

兔年生的人

性格——充滿不可思議的情緒

B型屬兔的人，是具有不可思議之魅力的人。談吐、態度的細微處，都洋溢著吸引人的魅力。其魅力之秘密，在於其腦筋聰明。也具有可以加入任何話題的豐富消息來源，及卓越的優越感。

本質上，他是個溫柔和氣的人。但是，因為他的聰明，有時會說出諷刺與幽默，常會使人吃驚。

他是個喜歡開玩笑的人。由於他討厭自尋煩惱，艱苦的天性，所以，希望輕鬆地過生活。雖然心中存有微妙的心理，但卻幾乎不表露於外。不過，若你仔細觀察的話，應可明瞭B型屬兔的人是經常有神經質表情的人。特別是對於反應較遲鈍的人，會露出不悅之情。

B型屬兔的人，通常都是頭腦好的人，而且也比較性急，話只聽一半就忙著說：「我已知道了。」而催促別人趕快往下說。

人際關係——感度良好的人

B型屬兔的人，並非有領導權、吸收伙伴的類型，但是，卻常在團體中佔有重要地位。他雖不是表面言行誇張的人，然而一旦有問題時，大家都會仔細去傾聽他的意見。

此乃因為B型屬兔的人，有其超群的判斷狀況的能力，及預測未來的能力，亦是能經常運用敏銳頭腦及良好感度的人。

他能很快地看穿人的個性和能力，而與之交往，當然，不管和那種人交往，他都能使對方快樂。

因他的話題豐富、說話有技巧，且富幽默感，使得周圍的人不會感到無聊。雖有時因過分的開玩笑而惹人生氣，但實際上他是個善於應付的人。

雖能與人順利交往，但相反地也有冷淡的時候，特別在私人方面，對於糾纏不休的人，他便會拒人於千里之外。

人生——上流社會的生活

困難即將來臨時，他都能事先料到，而加以躲避。因此，不管多麼崎嶇的道路，他都能巧妙地克服。實際上，再也沒有人能像B型屬兔的人那樣地過著順利的人生了。

善於利用時間、能圓滑地與人交往、有先見之明……不管是哪一項，B型屬兔的人都超人一等。不管多麼小的事，他都能謹慎小心，因此，能過著人人羨慕的幸福人生。而且他很適合過上流社會的生活，他可說是個懂得去模仿、享受上流社會的生活。

從旁人的眼光來看，他的生活是很幸福的，但實際上，B型屬兔者的心中，也常有空虛的感覺。雖然他善於處世，但心理上卻也免不了空虛。B型屬兔的人往往容易陷入不滿足的情緒中，有時甚至會突然拋棄以前的生活，重新開始。對美術、文藝等藝術有強烈的愛好，這可能也是因空虛感所引起的。

機運——頭腦好且能充分利用機會

B型屬兔的人，無論何時何地都有很多機會等著他，而且他會動腦筋充分利用他的機會，總被其他人羨慕「為什麼你總是有那麼多的好機會」？

但是，他的人生可能不會有驚人的變化。雖然他能確切地抓住小機會，但若想獲得更大的機會，就必須具備孤注一擲的精神。

職業——可在新聞廣告界活躍

頭腦聰明的B型屬兔的人，不管什麼工作都能巧妙地辦好。尤其是若能活用豐富的話題，便可期望在廣告或記者等性質的工作上大顯身手。若要以參加小說徵選而成為作家，也不是不可能的事。

但是，上述這些工作，必須要熱心去參與。B型屬兔的人，有時候容易變得冷酷，所以必須特別注意。

愛情——能瀟灑地求愛

男女交往希望盡量能瀟灑地去處理，這是B型屬兔者的願望。維持不該有的孽緣，或誇張的愛情，都是他最討厭的。

彼此確立自己的私生活之前，以成熟的態度來交往，這是B型屬兔者對於愛的理想型態。

由於他擅長於戀愛的技巧，所以在追求異性時，他不會讓對方知道，而且可以適確地針對對方的心理發動攻勢，無論對方多麼優於自己，也絕不退縮。他對自己的戀愛技術，相當有信心。

事實上，B型屬兔的人，即使遇到再強勁的情敵，最後仍會獲勝的。

但是，能和異性保持幸福的戀愛關係，是值得懷疑的。B型屬兔的人對自己的戀愛技術感到興趣，一旦抓住了異性的心後，其熱度很快就會冷淡下來。

由於他的個性，常易捲入愛情糾紛中，有時甚至會招致對方的怨恨。

婚姻——夫婦雙方都不會侵犯到對方的領域

B型屬兔者所嚮往的是一種奇妙的婚姻生活。雖然彼此相愛，但彼此絕不侵犯對方的領域，也就是和戀愛時一樣，互相珍惜各自的生活。

當然，他們的婚姻關係也比其他的夫婦來得乾脆。對孩子的管教不會溺愛，而是培養孩子自立的個性，在外人看來，這種婚姻生活似乎很冷淡且單調，但這卻是B型屬兔者的理想生活方式。

性愛——心理上較重視技巧

B型屬兔的人的性愛，以技巧為優先，在技巧上比其實際的行動，往往有以頭腦來思考的心理傾向。由於本來就較重視心理因素，故並不喜歡如野獸般粗魯的性愛，而較欣賞可刺激理智性的好奇心之交涉。

非常重視臥室的氣氛及雙方的甜言蜜語。決不會與沒有氣氛的人同床，更會拒絕只有性愛而沒有感情的肉體關係。

適合你的結婚對象

【屬鼠的人】

因為你喜歡知識性的交談，而且會不知不覺地陶醉，所以，當他盯著你看時，你也會若無其事地注意到他。

對你來說，他像嚴師般令你難以應付，他的話就如同良藥苦口一般。你若能坦率對他，他是相當溫柔的。

【屬牛的人】

夜晚在公園裡並肩而坐時，他始終保持沉默，即使你對他說話，他也顯得心不在焉。行動派的你與熟慮型的他，是無法配合的。況且他個性頑強、任性，所以和你是無緣的。

【屬虎的人】

重感情，有領導者的風範，這是他的長處。然而他的視野狹窄，雖然你喜歡他的個性，但每當你與他交談，就會感到疲勞。

你希望你的情人是個非常聰明的人，此種用力量來壓制人的人，是不適合你的。而且你會對過於自信的他加以諷刺。

【屬兔的人】

若你們的交談範圍是藝術的話題，那將會無止盡地談下去，所以你與他邂逅將會是件愉快的事。由於他的情緒易變，因此，在約會時他可能會遲到，甚至失約。

所以，如果你不十分了解他的個性，是無法與他交往的。

【屬龍的人】

他深信女人是隨著男人而來的，對你所說的話，也不會認真地接受。

在他的夢中，有你的存在，但缺乏具體性。自我陶醉的愛情，只會令人困惑，然而他卻不自覺。

【屬蛇的人】

當他與你比鄰而坐時，會顯得一副很不感興趣的樣子，而且會任意批評他人。他的這些舉止，都是想要吸引你的注意。

他一遇到女人，就找話題攀交情。是屬於一見面就使你生厭的男人。

【屬馬的人】

當你想靜下來享受一下閱讀的樂趣時，他會擾亂你的寂靜。

當你和他一起時，你會絕得有趣。若過分吵鬧，經過長時間的相處後，你會想和他早日分手而獨處。若是短時間的交往，他會使你忘掉疲勞。

【屬羊的人】

在羅曼羅蘭的小說中，有個少年向少女問道：「你何時才能屬於我？」

他就像這個詢問的少年，會慎重地向你告白他那純潔的愛。他的感受性很豐富，可以隨著你的喜好而來表達他的愛。

【屬猴的人】

無論在何處，這種人只要看到你，就會輕鬆地向你打招呼。

雖然他的學問廣博，但沒有主見，只會讀死書。他是個遇事不會慎重考慮的人。對你來說，他的內在相當貧乏，而使你覺得不滿足。

【屬雞的人】

與他交往，就如同坐在巴黎的咖啡店中，邊看著來往路人，邊

漫談人生那樣地愜意。

此種戀情充滿著氣氛，兩人深深相愛，共同享受愛的真諦。

【屬狗的人】

雖然你並未向他表示愛意，但在他心中就只有你一個。因此他會將無止盡的愛奉獻給你。

若你離開如此正直、聰明的人，你將後悔莫及。

【屬豬的人】

這種人，是最適合你的對象。由於他獨立性旺盛，所以，對你來說是個可依賴的人。

他對性愛很有興趣，所以，如果你不奉獻給他，他便會和其他女性交往。雖然他不誠實，但和享受戀愛快樂的你，可說是彼此彼此。

如何表現你的魅力

對於具有神秘魅力的你而言，像神秘的蒙娜麗莎那種成熟的服裝比較適合，流行或較孩子氣的服裝反而不適合你。

化妝應選用褐色或紫色等較成熟的色彩，大膽地使用香水也可以。不過，最能顯示你魅力的是開朗、溫柔的個性，其中要注意不可過於宣揚自己的聰明。

選擇適合你的對象

B型屬兔的人具有優秀的洞察力和判斷力。因此，能很快的看出哪種人是適合自己的對象。會引導你而又可靠的人，才是最適合你的對象。

在工作或研究功課時，能補救你急躁的缺點，且穩重的人，比較適合你。但若要長期交往的話，要選擇關係不怎麼親密，稍有距離的人較好。如果他能瞭解你，並相互安慰，你們將可成為永久的朋友。

給你的建議

【學業】　由於頭腦聰明，主要科目都可以獲得好成績。同時，作文、美術也很拿手。不過，有時會因冒失而造成失誤。因此，考試時答完問卷後，一定要重新檢查一遍。

【事業】　無論什麼工作，都能以自己的方法，巧妙地處理。不過，遇到動作緩慢的人，往往就會變得急躁。對於這種人，與其急在心裡不如給予他適當的建議。

【經濟】　B型屬兔的人具有安定的財運。雖不會發橫財，但也不會揮霍無度。由於你不是個浪費的人，所以會一點一滴地存錢。有時也會去買貴重的東西。

【健康】　是非常神經質的人。為了不形之於外，往往會使精神上的壓力更形增加。

易罹患由神經性胃炎或神經性過敏所引起的神經性疾病，需格外小心。應該利用打網球、跳舞等活動來消除精神上的壓力。

B血型

龍年生的人

性格——雖任性但也有理想的一面

B型屬龍的人具有感受性很強的微妙個性，別人疏忽的地方他都會注意到，而且會積極地表現出來。周圍的人一定會特別重視他這種仔細的個性。

但是，有時卻會傷到人或表現得太過分，而讓人瞧不起。也就是，B型屬龍的人所具有的任性，會很突然地表露出來，而造成不愉快。

由於不服輸的心理很強，因此，即使在團體中也常有搶著出鋒頭的事發生。不管怎樣，他就是想出頭。

那含有夢想的話，使人聽起來相當有趣。由於做事無節制，往往使對方相當失望。不過，這種人不失孩童的純潔之心，會不斷地追求少年時所懷有的理想。他不管能不能實現，只一味地沉迷於自己的夢想。

人際關係——若彼此間存有利害關係，就會有裂痕……

B型屬龍的人，可和他無利害關係的人交談，因此，要與他建立真正的友誼是不難的，甚至可以互相傾訴彼此的夢想。

但是，一旦產生工作或金錢上的利害關係時，以前的人際關係便會馬上消失。這時候，往往B型屬龍者的缺點就會顯現出來。

譬如：在工作上時，常大膽地發言，但卻從不率先實行，而將工作推卸給別人，因此就不免被同伴起了反感。甚至當了上司也不願意負責，當然也就無法得到上級的信任。因此，往往會感到孤獨。

對於懇親會、同學會的籌劃很內行。他擁有相當的號召力，連平日很少參加的會友都能說服他參加，使得周圍的人為之吃驚。

天真、任性這兩者，是B型屬龍者藉以吸引人的魅力，但從另一角度來看，也有他無可補救的缺點。

人生——雖然屢次失敗，但卻不在意

B型屬龍者的人生其實是波瀾萬丈。他並不會有計畫地生活，經常都是漫不經心的，失敗後常又回到起點開始，不會把失敗的教訓用在下一次的機會上。

尤其是工作上的挫折，常帶給他生活上的不安。但由於他不是會緬懷過去的人，因此即使失敗了也一定會繼續下次的挑戰。

他有各階層的朋友，雖然看起來生活絢麗，但一起工作的伙伴卻很少，往往都過著寂寞的生活。由於他做事無計畫，縱使他是難得的人才，也會對工作生厭而求去。不能區別自己能與不能的事情而來處理，最好委託朋友幫忙。由於過分的虛偽，常招致他人的反感。

不過，B型屬龍的人由於個性天真，很少遇到被排斥的情形，有時還會受貴人相助。

機運——需要充分地觀察周圍

B型屬龍的人，不太會注意瑣碎的事，而且當自己的命運處於轉捩點時，就能發揮決斷的能力。

但是，由於自我為中心的意念太強，常無法令周圍的人喜歡。如果再具備看透事實和觀察周圍的能力，那就更完美了。

職業——不適合從事複雜的工作

B型屬龍的人，不適合從事事務複雜的職業。若他從事過於繁雜的工作，錯誤一定百出，最後只好請他人來處理善後。

但是，對於舉辦座談會或世界性的音樂會等活動，卻能發揮特殊的潛能。

此外，屬龍的人大都具有他人所望塵莫及的領導能力，同時，也具有管理才能。

愛情——具有吸引異性的魅力

B型屬龍的人，比較任性，工作上易與人發生磨擦，故在同事間的風評並不怎麼好。

他的任性也會被其異性所接受。一般而言，一個粗心大意的人比細心的人易獲得異性的愛。B型屬龍者的魅力，正合乎這個原則。

總而言之，對B型屬龍的人來說，是非常有利的個性。但是，因不善於表達自己的情義，所以，一到重要關頭，便不知所措，而讓對方先開口。

平時，雖很有威勢，且領導力強，但一旦面臨感情問題時，便沉默不知所措。這可能是因為成熟的感情氣氛不適合此種個性天真的人。但這種害羞的個性卻是吸引異性的一股魅力，因此，在愛情方面可說是相當幸運的人。

婚姻——不適合和不擅於領導的人結婚

在戀愛時是個非常快樂而又可愛的人，一旦結婚後各種缺點便會曝露出來，其中尤以任性為最。自己一不如意的發脾氣時，就亂摔屋裡的東西，若別人不把自己當公主般伺候就不滿足。

但是，對方若不具有相當的領導能力，是不易與之共度一生的。若與這種人結婚，絕對不可以異性視之，而應視其同頑皮的小孩。

性愛——不怎麼害羞

這種人無女性的害羞面。假若男方動作慢一點，立刻會按捺不住，而採主動；若對方仍然毫無進展，便大感不悅而大發雷霆。

B型屬龍者的性愛，常會使對方緊張驚訝。

但是，男方若能稍微逞強，巧妙躲過自己的任性，應可釀造出意想不到的甜蜜氣氛。

適合你的結婚對象

【屬鼠的人】

心情突然低落，不知所措時，他會打電話給妳。你們倆雖身置異處，也會彼此牽掛，這種心便產生出神秘的心電感應。

這種對象也才是你最理想的對象。

【屬牛的人】

這種人雖正直，但稍嫌遲鈍。即使你喜歡他，他也沒有知覺。由於妳的害羞，也使他難以表達自己的愛意。

這麼一來，這段情在你的心中雖起了感情的漣漪，但外表看似平靜的苦戀。

【屬虎的人】

他是個重視男子氣概的人。他對妳的追求攻勢是不顧一切的。他不會猶豫不決。

但是，開始交往之後，他也會擺出大男人主義而忽視了妳的意見。由於被他的自私態度所壓抑，而使妳生厭。

【屬兔的人】

踏著枯葉，漫步在小道上，兩人都沉醉在羅曼蒂克的氣氛中。但這時候的妳卻掃興地說：「肚子好餓，啊！那裡有賣漢堡的。」如果你太注重自我，遲早是會被拋棄的。

【屬龍的人】

你倆的性格極相似，若能互相尊重體諒而自由行動的話，就很完美了。但是，所謂的戀愛，就是希望對方能愛自己。無論在何處

都互相約束，若兩人都不願被束縛，最好還是保持朋友關係。

【屬蛇的人】

「我們去看電影好嗎？」「不，去聽音樂會」像這樣的爭執，對熱戀中的男女而言可說是家常便飯。由於妳的任性，不重視對方的意見，反對的話便經常脫口而出。

傾聽他的話，是使你們交往成功的秘訣。

【屬馬的人】

很遺憾，這種肖相的人對妳是不吉利的。一開始，他積極的態度會使妳產生好感。但一旦交往，這種個性反而會顯出它的華麗、無責任感。若再繼續交往，缺點會更形暴露而一無是處。

【屬羊的人】

他會把妳的不怕陌生，認為太過於隨便，而不覺得可愛。

男性的氣度因人而異，但屬羊的男性沒有能容納妳的優點的器量。這種缺乏包容心的男人，不適合妳。

【屬猴的人】

這種人擁有很多女朋友，最足以向人誇耀的是，和任何女孩子一相識就能很快地變得親密，惟觸碰到妳，將會改變他的一生。由於妳所擁有的純潔是過去那些女孩所沒有的，因此，可以牢牢地繫住他的心。

他一定是可以與你相親相愛的人。

【屬雞的人】

自尊心很強的他，對普通的女孩不會感到滿足。但可愛又具有少女詩韻的妳，卻是他所喜愛的類型。你逞強而又任性的個性，會使他覺得富變化而感到愉快。

如果你依靠他的剛強，你將無所憂慮。

【屬狗的人】

在約會時，他一定會在十分鐘前到達。即使你稍微遲到也不會露出不悅之情。他會經常注意、關心妳的需求，但唯一使他頭痛的是妳的利己心。你應該也時常地關懷他、為他著想。

【屬豬的人】

像貓眼滑溜溜般善變的妳，會使他感到極度困惑。對任何事他都很單純地認為：「別人也和我的想法一樣吧！」

你們在一起時，他的反應很遲鈍，對妳所說的話答非所問，因此他並不適合妳。

如何表現你的魅力

B型屬龍者的魅力在於其開朗的個性。即使稍有不如意也不會露出不悅臉色，而且臉上也經常掛著天真的笑容，特別是那天真浪漫的個性，散發出使異性難以抗拒的魅力。因此，一旦和同性發生摩擦時，也會莫名奇妙地使異性產生好感。

今後須注意的是待人要親切，即使對方不了解妳的行為也沒關係，尤其要注意的是必須更加體諒關懷同性的朋友。

選擇適合你的對象

B型屬龍的人，再群眾中易發揮自己的風格。由於不擅於處理瑣碎的事，因此若有善長的人幫助，一切事便能迎刃而解。

例如：和朋友出國觀光，他能將一天大概的行程立即在腦中計畫出來，而且費用的計算、旅館住處及聯絡等，也都是同伴的任務。

B型屬龍的人，單獨一人時會感到不安、做事沒把握，必須借助他人之力才能完成任務。

給你的建議

【學業】 考試前經常通宵地臨時抱佛腳，但這種方法對妳而言並不好。具有抓重點的本事，因此旁人勿需為其擔憂。這是你自成一格的讀書方法。

【事業】 在推展工作上，能發揮優秀的才能。

能擁有得力的助手是很重要的。即使稍稍犧牲自己，並以溫和的態度對待屬下，你的事業一定會蒸蒸日上。

【經濟】 看起來好像對錢很馬虎沒有什麼概念，事實上卻是花錢很小心仔細的人。認為不必要的東西，怎麼也不會花它一分錢，但像交際費及婚葬禮儀等必要的費用，則是個很大方的人，所以不可斷言說你是吝嗇的人。

【健康】 若年輕時胸部有病，老年後可能會有後遺症。不過，並不限於胸部的疾病，其他部位也會發生。

對於疾病非常敏感。以前所患的病雖已痊癒，但其本身仍憂心忡忡，使得全家亦籠罩於愁雲慘霧之中。

B血型

蛇年生的人

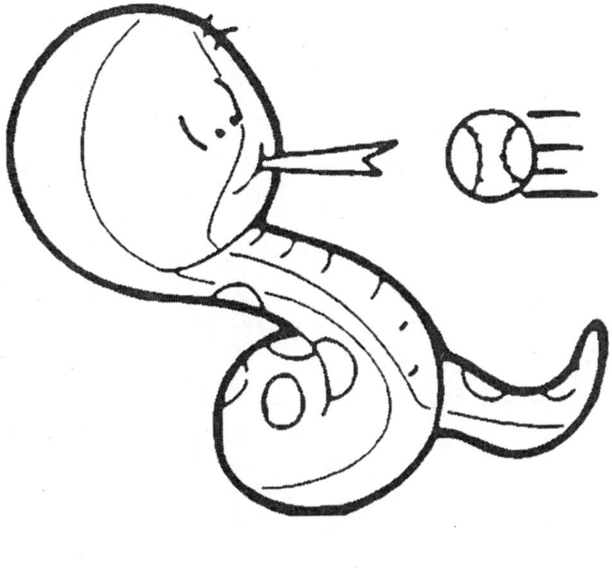

性格——頑固又堅持己見

和友人談笑時，會無緣無故地露出寂寞表情。B型屬蛇的人的個性，在有這種心情時也最易顯露出來。

雖然非有意如此，但友人卻會不得不問：「你怎麼了！」B型屬蛇的人，其實是天真可愛的，且經常努力讓他人快樂。由於會把自己的感受原原本本地說出來，因而受到眾人的疼愛。

情緒稍不穩定、一有不如意就會露出令人擔憂之情。平常壓抑在心中的猜疑心有時會突然升起。

對任何事情都深具熱心，一旦開始做，便會堅持做完。因為想成為一流人物，所以，一定會努力地做這方面的專家。

具有決斷力和行動力，但有單獨行動的傾向，在需要協調的狀況下，很難得到他人的理解。

具有美感和高尚的感受性，頑固而不輕易變更主意，因此，經常有人將其行為視同矯柔造作。

人際關係——安於自己的世界

在朋友面前顯得很愉快，但平常單獨一人時卻常發呆。雖然不令人討厭，但不知為何，朋友卻不喜歡與其打招呼。

生性原本就喜歡孤獨、安於自己的世界，而極害怕朋友踏入自己的世界。但一旦要參加盛會時，就會穿著華麗的服飾，談吐也不忘高雅。大多數的異性都想陶醉在她所創造的神秘氣氛中，而緩緩地親近她。

這種人不會冷淡待人，而會一一地去親近她人，這是由於能夠陶醉在親近她人的心理狀態中。

一旦和自己不喜歡的人在一起，任性的個性便很容易顯露出來。常會為了微不足道的小事發牢騷，如果有人反駁，可能就會和對方打起架來。

反之，和自己看順眼的人，則會繼續保持這種使周圍的人羨慕的親密關係。

人生——人際關係的好壞決定其一生

B型屬蛇的人對任何事都很認真地去處理，因此，一開始便能達到某程度的水準。但是，若恃才傲慢而怠惰，便會失去人們的信用。

這種人在順境時不形於外的個性，往往在逆境時會表現出來。有時會為小事反抗他人，或無理取鬧地哭，表現出完全異於平時的個性，使了解他的人難以想像。

因此，這種人的人際關係會逐漸蒙上陰影。平時很關心朋友的她，會突然懷疑他人，產生大家都在背後批評自己的錯覺。使得周圍的人一一離去，而不願和他做朋友。所以說，由此人的人際關係中，即可看出其人生的順利與否了。

不過，這種人是以「自己的能力去開拓自己的人生」為目標，因此，便會隨著年紀的增長而過著富裕的人生。但若不認為一切成就歸於己力，而是靠朋友的幫助的話，則其世界將更加擴大。

機運——要掌握大局，下大決斷

Ｂ型屬蛇的人，大小事都能處理妥善而使他人羨慕。並且，無論多麼小的事也都能細心處理。

此種細心在遇到命運中的大分歧點時，有時反而有負面的作用，即使有好機運來臨，往往會因太拘泥於小事而難下決斷。因此，平時就要培養下大決斷的習慣，是Ｂ型屬蛇者所必備的條件。

職業——以新聞記者、秘書等工作最適合

外表看來好似喜歡華麗，但事實上，則較喜歡在孤獨中創造、尋找喜悅。在工作方面，會得到多人的協助，而將其歸納為自己的方式來處理。

例如：以寫作來講，Ｂ型屬蛇的人不適合當整天關在屋裡寫作的小說家，而較適合於到處採訪在車中整理原稿的新聞記者。

此外，還適合當服裝設計家、廣告設計師，或重要人物的秘書。

愛情——能將自己的感情毫無保留地表露出來

生性孤僻，但也有和藹的一面，尤其在愛情方面，也能將這長處發揮得淋漓盡致。

B型屬蛇的人，對於自己所喜歡的異性，會積極地去追求，並不擇手段地想獲得對方，而不在乎對方對自己的感受。但是，這種作法並不是卑鄙的，而是具有幽默感，且不會使對方感到厭惡。

和異性交談時能應付自如，決不會死盯著人看，反而會讓對方感到輕鬆，使兩人的感情快速進展。

這種人的佔有慾很強，一旦掌握了對方的心，便不會讓對方輕易地離開。即時對方和別人談話，便會怒氣沖沖地醋勁大發。

而脾氣則隨著任性時好時壞。當心情好時就能盡情地讓對方高興，一有不如意時就大發雷霆，真令人難以消受。心中的愛意也會毫無掩飾地吐露出來，此時，決對無法看到這種人喜歡孤獨時的清靜。

婚姻——強烈的忌妒心會招致痲煩

B型屬蛇的人，總希望男友成天和自己在一起，對方若和其他女性交談、喝茶，就會油然地生起忌妒心，使對方感到困惑。

這種現象結婚後更加明顯。丈夫下班後和同事一起去喝酒聊天，也很難以諒解；若發現丈夫和別的女人秘密幽會，那更是不得了。

不過，雖然他們之間常有不愉快的事，但還不致於到離婚的地步。

性愛——是精力充沛而又大膽的人

B型屬蛇者對性愛的表現是直線型的。會大膽地表現自己的愛意，而不關心對方反應如何。

在性愛方面精力很充沛，因此，若對方提不起興趣，馬上會感到困惑。假使對方愛得很深，或許會很自然地習慣她的作法，而達到高潮。否則的話，將止於此而各走各的。

這種人若能稍微保持女性的矜持、害羞，是上策。

適合你的結婚對象

【屬鼠的人】

當兩人相對而坐時，妳的眼睛會注視遠方，而不看著他。他很敏感，而且自尊心很強。因此，他總是無法忍受對方漠視自己，或者被其他的事物所吸引。

和這種人相處時，若有性格的差異會招致麻煩。

【屬牛的人】

上街購物時，他會說：「我是男人，東西由我來拿。」而且顯

得愉快。如此個性溫和，又有力氣的他，最適合妳。

他的誠實，決不會辜負妳。此乃大吉之屬相。

【屬虎的人】

當你挽著他的手，向他撒嬌時，他會吻你的額頭。若你們感情很好，兩人會熱情相愛。

但是，絕對禁止過分撒嬌糾纏。因他極厭惡受人的約束。假使妳強烈的忌妒心使他不愉快，你們的關係將會快速地變淡。

【屬兔的人】

儘管你好不容易花費很長的時間才得到他，但兩人的感情遲早要決裂。

他原本就很輕浮，天生就風流成性，女友一個接著一個地換。因此，和這種人交往只有增加妳的痛苦。

【屬龍的人】

他是個會把感情表現於外的人，妳卻是個將感情深藏內心的人，兩人表現的方式正好相反，但兩人都具有激烈的感情，不過，有時會彼此吸引，有時又互相排斥。

這種戀情將有痛苦，因此，避之不往來就不會有困擾。

【屬蛇的人】

他不怎麼會將自己心中所想的表現出來，因此，雖然他牽掛對方，對方卻不易發覺。他對對方的關懷，不是直接地讓對方領悟，而是從別的角度提出問題以表示關切，不過往往卻容易引起對方的誤會。

由於彼此都在探索對方的心理，因此，精神上容易感到疲勞。

【屬馬的人】

他四周都散發著陽光，是個開朗的人，而妳所散發的光猶如在黑暗中神秘的螢火蟲，與他的光性質上完全不同。

若你和他在一起，妳的光將黯然失色，妳的個性也會被他的光芒所消滅，魅力就無法表現出來。

【屬羊的人】

任何人都認為妳是個天生就具有性魅力的人，因此，他一見到妳，就會手足無措，甚至被妳所散發出的魅力所壓抑，而變得內向。

若想要把他當愛人看，他的表現將無法使妳滿足。

【屬猴的人】

他是個能幹又能說的人。他會研究各種策略，以便說服有魅力的妳。

他的興趣是性愛，在獲得你之前，他會不擇手段。不過，在獲得你之後，他的興趣又將轉移到他處。

【屬雞的人】

有時，妳也會陷入孤獨狀態，猶如站在荒野中，讓風沙盡情地吹著，而使得眼睛無法睜開般地孤單。

這時候，他會從遠方跑過來，緊抱著妳、安慰妳。那麼，他就是值得你托付終身的人。

【屬狗的人】

在團體旅行中，每對男女都很親密地坐在一起聊天，唯獨他放下妳，自個兒睡大覺去。

他非常喜歡你雖屬事實，但他只會向你撒嬌，而不想知道你的期望是什麼。和他在一起，可能會使妳覺得寂寞。

【屬豬的人】

他是個感情很不容易動搖的人，一旦愛上一個人，絕不會再看上別的女孩。對佔有慾極強的妳，是極為合適的人選。因為他會全力地去愛妳、照顧妳。

他個性很單純，因此在精神方面，有時無法了解妳。

如何表現你的魅力

B型屬蛇的人，集冷靜的個性與華麗於一身，但是，若太過於強烈，易給人不好的印象。

在冷靜中不可忘卻溫柔的個性，華麗也要依情況而定。對周遭的關懷，可以提高B型屬蛇者的評價。

在情緒低落時，不要亂耍花招；若能坦率地表現自己的心情，會給人安心感，且將增加自己的魅力。心情好時，要盡情歡樂。

選擇適合你的對象

B型屬蛇者的個性，稍有點任性。即使知道對方對自己有好感，但若對方太接近，任性就會極端地表現出來。因此，要做B型屬蛇者的伴侶，需是隨時隨地能與自己保持距離，且溫柔地關心妳的人才適合。

年齡上，最好是選擇同輩且大你幾歲的人。有像兄長般感覺的人，不僅會使妳的任性消失，也會使妳成為誠實樸直的女性。

給你的建議

【學業】 成績方面，有些科目好，有些科目不好。

對拿手的科目會全力以赴地去研讀，對不喜歡的科目，課本連翻都不去翻它。

雖然每個人都有拿手與不拿手的科目，但是，妳這方面的傾向太過於強烈。

不拿手的學科，也最好以眾人的平均分數為目標，努力去達到。

【事業】 若能從事適合自己個性的工作，一切將順利的達成。不過，所找的工作並不怎麼好，那是由於理想太高，所以，一生都會為工作而煩惱。

工作怎麼做都不適合時，倒不如下決心改行。

【經濟】 很有金錢觀念，和朋友一起去喝咖啡時，費用會要求兩人分攤，而且，自己所花的錢會如數地記在記事簿上。

不過，隨著人際關係的複雜，額外的費用是有必要的，心理上應有所準備。

【健康】 身體狀況不穩定。有時臉色蒼白，有時卻又容光煥發。

要注意的是，身體狀況不佳時，勿暴飲暴食而傷身。最重要的是，要早日確立自己的生活方式。

B血型

馬年生的人

性格——明朗、開放型

B型屬馬的人是個喜歡熱鬧的人。一旦她加入時，沈悶氣氛就會變得明朗、活潑。不過，平時常會被怒罵道：「吵死人了！」

其為人不矯柔造作，說話很直爽，因此不會惹人厭惡。但是，隱瞞之事不可告訴這種人，昨天告訴她的話，今天很快地就傳到大家的耳朵裡。

這種人完全憑直感做事，因此不喜歡窮根究理；而且做事漫無計畫，對自己的人生也不會堅持原則貫徹到底。

不過，有時也很頑強，一有不如意的事就會起身抗議，但若看到情況不妙時，就採取讓步的姿態。

此人在交朋友方面，也會發揮其天才。由於性情隨和，對任何人都一樣看待，因此，很快就會與人成為好朋友。晚輩有事請教她時，如果自己力量不夠，便會立刻打電話給較親密的朋友代為解決。

唯一的缺點就是做事太輕浮了一點，時常忘這忘那的，易引起騷動。所以，常與人發生衝突，臉及手腳等部位經常受傷。

人際關係——朋友很多，但都非吻頸之交

這種人的周圍都是三教九流的朋友，常會把自己的朋友介紹給第三者，可是有時候，被介紹的人卻認為她只是熟識的人，稱不上是朋友。她通常都把熟人自認為是朋友，但別人並不把她當朋友看。

不過，這種熟人被他以「朋友」的身分介紹給別人，也不會生氣，而且即使他向這種朋友請求幫忙，朋友也都樂於幫忙。

B型屬馬的人，不是一個理想的工作伙伴。他對彼此約定或需要保密的事，不會加以關心，而且還蘊藏著破壞好不容易才計畫好了的工作的危險性。

由於這種個性的緣故，年紀比她小的人遠比年紀比她大的人還喜歡她。雖然她有點不可靠，但卻還懂得情理。

B型屬馬者的身心狀況起伏很大，因此，和他交往的人都很難適應。平時是個能讓人開懷大笑的人，但有時會變得不苟言笑，簡直是判若二人。

不過，無論年紀多大，都不失赤子之心，連與那些年紀與自己孩子年紀相近的人也能坦率交往，服裝穿著與觀感也都充滿著青春氣息。

人生——僅以快樂地生活爲追求的目標

個性上屬樂天派而又明朗的人，因此，她的人生很少有陰影的日子。發生困難時，就會有很多朋友來相助。即使稍遇到不如意的事也不在乎，而始終表現出「明天還有明天的機運」，那種若無其事的表情。

因此，這個人的人生可說是很少有波折的。雖然她的懶散性情很令人擔心，但是，她可能很平凡地度過一生。

由於她的朋友多，因此，若懶得去尋找、發覺真正值得信任的朋友，後半生就很可能在孤獨中度過。不過，倘若有某件事讓她熱衷到忘我的地步，那情況就可能改觀。但是，要期望這種情形發生在B型屬馬者的身上是很難的。

她很善良周旋在朋友中，而且會從他人身上攫取對自己有利的東西，常認為只要能快樂地過活就滿足了。對眼前的事較重視，對自己的晚年並不怎麼關心。

機運——朋友會爲他帶來幸運

B型屬馬的人，經由朋友所帶給她的機運，往往比她自己掌握的還多。她的交友極為廣泛，有同性、異性、長輩及晚被等。

她並非自己能力強，也非運氣好，大多是受朋友之惠。這完全是她平常不計較利益能坦誠與人相交之故。除此之外，她自己也能常給朋友機會。

職業——以能運用廣泛人際關係的職業爲宜

B型屬馬的人真可稱為人才銀行。無論任何領域的事，只要有求於她，她都能為你介紹這方面的專家。因此，需要廣泛人際關係的職業，由這種人來擔當最適合。

例如：編輯這個職務似乎是為B型屬馬者而設立的。此外，如新聞記者、公司的宣傳者、廣告公司職員、或化粧品、保險的推銷員及演藝人員的經紀人等都是適合的職業。

愛情——用情不專、易移情別戀

B型屬馬的人很容易和任何人成為朋友，而且也很容易和朋友發生感情。再和朋友一起談吐當中，會突然被對方的神情所吸引，一旦被對方發覺就會墜入情網。

B型屬馬者在愛情方面表現得很積極。對於自己所說的話將帶給對方何種感受或影響，並不加以考慮。常不斷地向對方說「我愛你」，而且要求對方立刻回答。像這種作為只會使對方感到困惑而不知所措。

B型屬馬的人，不懂得培養真正的愛情，而且經常都準備和對方分手。所以，雖然不令對方很討厭，卻感覺彼此間有很大的隔閡，因而覺得悲傷。

但這種人即使結束了和這個人的愛情，也不會抑鬱不樂，反而另外再尋求另一個人的愛情。B型屬馬者，就是這麼一個處事天真而又開朗的人。

婚姻——結婚簡單草率

B型屬馬的人，並不是個與對方培養牢固的愛情後再結婚的人。這種人自己也不知道自己為何而結婚，等到發覺時，結婚已成定局了。即使一個晚上的錯誤，也會導致無法彌補的憾事。這種人結婚的對象，不限任何年齡，與父母親一般年紀的人結婚，其情形也不少。

由於結婚草率，因此容易很快就分手。

性愛——往往由於無法抗拒這種氣氛而失去貞操

B型屬馬的人，往往由於不太能自制，因而容易和異性發生肉體關係。例如：兩人喝醉了酒，醒來後才發覺自己在對方懷裡。

一般來講，這種人都把自己保護得特別好，但是，若過於沈醉在此氣氛中，自己也就變得沒有知覺了。也很少能與同一對象保持長久的性愛關係，頂多兩三次就告分手。

適合你的結婚對象

【屬鼠的人】

喜歡熱鬧的妳和沈默寡言的他約會時，說話者總是妳，而他卻是妳忠實的聽眾。最後，妳會因不了解她的心，而不知不覺中，在你們之間的小鴻溝便會導致重大的誤會。

與其和他成為戀人，不如和他做普通朋友來得好。

【屬牛的人】

對人生正直而又認真的他，與希望將人生變得趣味橫溢的妳，兩者的個性完全相反。雖然妳有時是對他開玩笑，他卻會當真而生妳的氣，所以，必須以慎重的態度去和他相處。由於兩人對人生的

觀感差距太大，因此，最好不要考慮結婚之事。

【屬虎的人】

兩人皆屬於樂天派，個性也極相似，彼此都能適合對方。妳儘可向他撒嬌，他會要妳跟隨他而慢慢地引導妳。必須注意的是，兩人都會遭遇失敗或失意的事情。

【屬兔的人】

一向小心謹慎的他，會對於妳做事之前不考慮後果的行為感到驚訝。縱使想提醒妳但又不敢開口，最後，他可能忽視妳，而妳也會因而對他不滿。即使妳喜歡他，但這種感情遲早要變冷淡的。

因此，最好能與他保持適當的距離。

【屬龍的人】

妳會被他廣大的胸襟所吸引。但是，在交往的時候，你必難以

忍受他高傲的態度。

在工作或功課上，若妳能向他請教，將可以得到很多益處，因此，保持這種普通朋友般的交往最適當。

【屬蛇的人】

英俊而又性感的他，會使你一見鍾情。雖然妳和他很親密，卻仍然希望與更多的男友交往，因此，反而覺得他是個累贅。所以，和他保持普通朋友的關係最適合。

【屬馬的人】

由於生性喜歡熱鬧，是個個性開朗的人。他喜歡藉小理由開個派對或聚餐，召集雙方的朋友一起熱鬧一番。

不過，你們雙方的個性都很頑強，一旦吵架就很難恢復像以前那樣好的感情。所以，雙方最好能互相體諒對方的心，而成熟地繼續交往。

【屬羊的人】

成熟的他和個性活潑、愛熱鬧的妳，乍看之下兩人個性好似完全相反，等到見面時，才發現兩人個性相契合。

他會以父親的姿態來包容個性輕浮的妳，因此，妳若跟隨他，那麼你們便可以築成一個明朗又和諧的家庭。

【屬猴的人】

他的腦筋很好，又善於交際，因此擁有三教九流的朋友，妳在無意中也會成為他的朋友。不過，他是個有心機的人，一旦露出原形，往往受害的人就是妳。

【屬雞的人】

妳和他初次約會的情形，妳會立刻去告訴你的好朋友。不過，若被他發現，那事情將變得很糟糕。

他的自尊心強，堅守秘密主義的他，將不會原諒妳。妳和他將似同水與油無法融合，雖然你覺得他很有魅力，但最好還是別和他交往。

【屬狗的人】

誠實又重感情的他，會迷戀明朗、和氣的妳。如果你想看海，即使是半夜，他也會開車送妳到海邊；假若想去山上，他也會向公司請假帶你去玩。

雖然她並不輕浮，不會去拈花惹草，妳儘可放心。

【屬豬的人】

這種人事情一旦決定了就決不會改變主意，而妳總是做事無計畫，因此，你們在一起常吵架。

只在一定的規範中生活的他，無法瞭解感性的妳。所以，和這種人最好保持朋友的關係。

如何表現你的魅力

B型屬馬的人，不論有多麼煩惱，也決不會在他人面前露出憂愁的表情，愈是痛苦，愈會找出愉快的話題使朋友露出笑容。

但是，這種心細的顧慮卻很難被人了解。有時，反而被批評是愛吵鬧、個性輕浮的人。

B型屬馬者樂天的個性是可愛的。如果長期交往，所付出的努力和苦心應該會慢慢地被理解。你不必心急，應耐心地將自己的魅力表現出來。

選擇適合你的對象

B型屬馬的人，雖然擁有很多的朋友。不過，要找到值得信賴的對象卻是相當的困難。此乃因兩人之間發生某程度的利害關係而導致的。同時，因其個性懶散，所以就容易被朋友敬而遠之。

不過，即使是有點懶散，卻也是個可愛的人。所以，若有人能以寬大胸襟包容的話，則B型屬馬者的優點就應該可以充分地發揮出來。

儘量找年紀比自己大，而且心胸寬大的對象，建立異於朋友親密關係的感情。

給你的建議

【學業】 沒有成績特別好的科目，亦無極端差的科目。成績經常維持在合格邊緣，因為妳考前的功課總是抄襲他人的筆記，所以最好能以腳踏實地的方法去讀書。

【事業】 工作方面，會注意一起工作的上司或同事，這大概是因為自己無主見之故。能跟隨好的上司一起工作，是最重要的，同時必須培養自己對工作的主見。

【經濟】 這種人有浪費金錢的傾向，且大都浪費在交際費用。浪費錢本來就是不好的習慣，但是B型屬馬的人卻完全相反，錢花得越多，人際關係反而越好。

【健康】 B型屬馬的人會被腸胃或皮膚等慢性病所苦。生活原本就不規律，要想完全治療是很困難的。不過，若病情足以影響工作，就必須接受長期的治療。

B血型

羊年生的人

性格——雖然成熟、穩重，但感情起伏很大

每當大家都興致勃勃地要拍照時，B型屬羊的人總是默默地站在角落的地方。由於不怎麼會表現自己的個性，往往被周圍的人敬而遠之。

實際上，B型屬羊的人是個感情相當激動的人，碰到偶發事件時，若是不如意就會傷心落淚，若是如意則心喜若狂。由於感情起伏很大，所以，學會在大眾面前抑制自己的感情。然而當抑制力不夠時，就會大發脾氣，使周圍的人大感震驚。

個性雖沈默，不過，極厭惡被束縛而失去的自由。因此，一旦投身於堅苦的組織，就會愈來愈沉默寡言，但被拜託的事情總會如期完成，好像很盡責的樣子，其實卻討厭得不得了。

B型屬羊的人具有優秀的感性，只要提供她好的機會場所，便能夠發揮出來，但是，要使她開放自己的心是件很難的事。若有比較年長的異性去包容她，很可能就會發揮意想不到的魅力。

B型屬羊的人不擅於配合他人而生活。待人既不親切也不冷淡，因此，常被誤

會為輕視他人，而給人很難與之相處的印象。不過，如果能信任、了解其作為，事實上她是個平凡而又和藹可親的人。

人際關係——對親密的人其關懷特別深

這種人能幹又正直，有時表現得令人覺得掃興，故往往會被上司所盯著。如此長久下去，彼此之間便產生隔閡。

這種人的朋友並不很多，而且由於個性給人的第一印象就不好，因此，要想真正完全了解她，需花相當長的時間。不過，一旦聽她吐露真言後，兩人的感情很快就會變得熱絡起來。偶爾也會一反平日的他，變得很熱情，而使朋友覺得很驚訝。

B型屬羊的人不擅於辭令，因此，要想交更多的朋友，就必須靠某種媒介。例如：透過音樂會或電影來建立友好關係，對方就很容易介入妳的心中。

在家庭中，B型屬羊的人始終扮演著好孩子、好兄弟、好姐妹的角色，在社會中抑鬱的一面，在家中絕對看不到，可說是為家庭而盡了心力。只不過偶爾會發發頑強的脾氣，而和家人對立。若能得到家人的諒解，不愉快的氣氛很快就過去。

B型屬羊的人，雖然不怎麼向人吐出真言，其實，卻很希望有人傾聽她的心聲。

人生——一旦找到自己的人生方向，就會充分地發揮本領

這種人不會表現自己，反而壓抑自己的感情，使得周圍的人常常否認他的存在。因此，B型屬羊者的人生並非輝煌燦爛的，可能會過著暗淡的人生。

由於自己也厭惡這種沉默的個性，因此，一有機會就想進入所嚮往五彩繽紛的世界。不過，這只是個期望、夢想，根本難以實現。在夢想與實現遠大的差距下，造成了她自卑、不長進的個性。

雖然做事很少成功，但也沒有多大的失敗，他的人生也過得很踏實平穩。

B型屬羊的女性在未婚時，通常都懷有各種詩樣的夢想，結果最後都平凡地結婚，成為幸福的家庭主婦。

這種屬肖的男性，工作上不會有什麼困難，即使不能當高級幹部，起碼也都能平穩地升上股長或課長的職位。雖然，他們對自己的生活方式感到不滿，不過，卻讓他人羨慕。

而且，B型屬羊的人一旦找到自己的興趣所在，便可發揮出本領。尤其是在年輕時，發現了終生的志向，晚年時，在精神與經濟上勢必受益無窮的。

機運——靠著天賦的耿直，機會自然到來

具有討厭引人注目的個性的B型屬羊者，可能無法受惠於太耀眼的機會。只有靠一天天踏實地努力，才能使自己的才能逐漸展露出來。

最初，或許沒有人去注意到這個人的存在，但隨著自己的努力，到了最後才能還是會被肯定的。因此，在受到了人們的好評後，就會更近一步去鑽研，以求成長。

職業——在大組織中能腳踏實地做事

B型屬羊者並非能獨立做任何事的人。而是，確實地執行上司所交待的命令的人。不過，因自我意識很強，若不是擔任可以充分發揮自己才能的職務，做起事來就不熱衷。

適合B型屬羊者的職業，有銀行職員、事務員、護士、女服務員、百貨店員、美容師、電話接線員等。

愛情——雖喜歡甜蜜的愛情，但缺乏永久性

B型屬羊的人會對自己喜歡的異性撒嬌。在人際關係上，B型屬羊的人都以冷淡的態度、警覺的心情去對待人，在愛情方面則完全無此現象。在第三者看來，這種人具有雙重人格，不過，B型屬羊的人並不在乎他人的看法。

B型屬羊的女性，在愛情上，表現得很可愛。當她和男友一起散步時，他會依偎再對方的懷裏。有時也很任性，不過，對方的男士不但不會生氣，反而會溫柔地安撫她，使愛的氣氛達到最高潮。

B型屬羊的男性，是個愛搗蛋的調皮鬼。假若對方是個溫柔的女性，他會在她懷中天真地玩樂。不過，如果是個個性剛強的女性，就不適合這種男性，因為他會被認為是個幼稚的小孩而不被理睬。

B型屬羊的人，不論男女都不會努力於培養愛情。雖然他們都喜歡享受甜蜜的

愛情，但卻缺乏耐心與責任感，去建立堅固而永久的愛情。因此，雖然他們燃起了愛的火花，卻很少有踏上結婚之途。

婚姻——婚後依然會懷念以前的戀人

B型屬羊的人，不會被自己所喜歡的人追求，反而會被自己不喜歡的人求婚。由於自己沒有去追求自己喜歡的異性的勇氣，最後都會和普通的男性結婚。

即使已經決定了結婚佳期，仍然還懷念自己曾經喜歡的異性。婚後生活雖嫌單調，但卻相當充實。感情偶爾會不太穩定，不過事實上她並不敢作出越軌的事。

性愛——雖消極，但有時也有大膽的作風

婚前一聽到人提到性愛，就會露出噁心厭惡的表情，一旦結婚，身心都開放，便能接受性愛的觀念。但是，這種人的性愛會由激烈轉為平淡，若對方的動作太粗魯，就會對他產生厭惡感，絕不再去接近他。不過，若是和自己心愛的人共床，便

會變得非常積極。

適合你的結婚對象

【屬鼠的人】

妳是個內向、不善於表達自己心意的人。雖然妳有時會硬著頭皮寫信給他，不過卻得不到他的回音。妳也不會了解他心裡在想些什麼。

由於他處事謹慎，事前都曾周詳地計畫，而妳則太過於老實，所以，對他不會滿意。

【屬牛的人】

個性正直的他，和性情中人的妳很相近，所以，彼此對對方都有好感。但兩人都沉默寡言，很難抓到交往的機會。只要約會一

次，即使相對默默無語，也能互相了解心意。

【屬虎的人】

個性老實又厭惡被人約束的妳，會對他強硬的態度感到惡厭。

假日想在家安閒度過的妳，對於硬把妳拖出去的他，會逐漸地冷淡。故在未發生爭吵前，最好及早分手。

【屬兔的人】

妳會被英俊的他所吸引，他也會被妳的女人味所迷惑，兩人不久就會培養出羅曼蒂克的感情。

生日時一定收到他送的玫瑰花，約會也一定在大飯店的餐廳。你們將是人人羨慕的一對。

【屬龍的人】

你們倆即使走在大街上，他也會突然地抱住妳、搭著妳的肩；

你則是對他的熱情感到很害羞，而且對於事事都想出風頭的他，會逐漸地離開。要把他當作妳的愛人，是需要相當大的勇氣。

【屬蛇的人】

雖然他具有神秘的魅力，但對妳而言，他是個高不可攀的人。他的周圍有很多女孩子圍繞著，因此，很不容易向他表達妳的心意。

由於妳太過於老實，無法引起他的注意。妳必須小心以免淪為單戀的局面，最好的方法就是另找對象。

【屬馬的人】

個性開朗活潑的他和平凡、老實的妳，任誰看了都覺得你們的個性完全不同。但是，你們卻都互相被對方的優點所吸引，這是旁人所無法想像的。

他很了解不善言辭的妳，使妳快樂。而且你們也互相關懷，是

感情很好的一對。

【屬羊的人】

他與妳的個性很相近，兩人心裡想的都一樣，不過，都不會說出來。

由於兩人都相當沉默，所以，約會時常發生相對默默無語，而覺得很無趣沒意思，像這種感情是沒有希望再發展下去的。

【屬猴的人】

沈著冷靜的妳，對於不穩重又輕浮的他，不會有好感。而且你們的個性相差太遠，若只當普通朋友，倒還可以愉快地交往，但不可進一步地深入交往。

【屬雞的人】

柔順的妳會被自尊心強、對自己的主張絕不讓步的他所擺佈。

他對妳的妝扮並不在意，但妳則從早到晚地被他拖著走。因此，你便會漸漸變得冷淡，而他卻毫無察覺。所以，和他這種人交往，是件很累的事。

【屬狗的人】

他為人誠實而又單純，一旦喜歡上妳，就會像中世紀的騎士忠心地跟隨女王一樣地伺候妳。

不過，他和妳都是內向型的人，不容易把心裡的話表達給對方。縱然把握交往的機會，也很難發展下去。

【屬豬的人】

他會對妳一見鍾情。而且每天都以寫情書、打電話的攻勢來打動妳的心，而妳也會在不知不覺中喜歡上他。你們的愛情就像電影中男女主角的愛情一樣的熾熱。

他為人正直又有聲望，你們的愛苗遲早會滋長出來的。

如何表現妳的魅力

雖然不怎麼引人注目，但也並非沒有魅力之人。

B型屬羊的人，大都不知道自己的魅力所在，即使知道，也不懂得如何表現出來。因此，便很在乎別人對自己的看法。

B型屬羊者，有很多未被發覺的魅力，且善於製造氣氛，談話時很能聚精會神地聽。所以，要使人發覺自己的魅力，應要更積極地主動地和人交往。

選擇適合你的對象

由於不會主動說出自己的真心話，所以，要選擇能使自己吐露心聲的同伴。不過，不可選擇做事馬虎、花花少爺型的對象，而應選穩重、肯聽自己傾訴的人。

B型屬羊者，在心情好時會主動找話題和人交談，一旦和她交談過，就可發覺她是個正直又聰明的人。是故，能否與好的伙伴交往，是他一生命運的轉捩點。

給你的建議

【學業】 B型屬羊者，大都是成績優異的人。課堂所教的都會有條理地去複習，所以，考前不需要趕夜車來臨時抱佛腳。不過，教科書上所傳授的有限，無法有效地應用所學的知識，而必須廣閱博覽才會更進步。

【事業】 缺乏自我主張，故無法找到稱心如意的工作。不過，只要長久踏實地去做，一定可以達到水準的。若年輕時就尋找終生的志向而去努力，就可以安享晚年。

【經濟】 不善於賺錢，但生活很節儉，生活上不會有什麼欠缺。年輕時代就買房子和土地，準備晚年好安樂享福，是個懂得過穩定生活的人。

【健康】 不論何時都不會勉強自己去做有損自己身體的事，所以，到老都不容易生病。

但B型屬羊的人大都身材纖細，瘦弱的身體，加上日積月累的疲勞，會對身體產生不良的影響，這點必須加以注意。

B血型

猴年生的人

性格——輕快敏捷的動作是其特徵

B型屬猴的人，在行動上不僅輕快，在心理上也像春風般輕快活潑。這種人通常都反應靈敏，情緒易變，特別了解他人心理，日常生活中無論什麼事都會採取比他人快速的動作。

而且無論做任何事都能保持自己快速的步調，所以，即使周圍的人有時無法和他同一步調，但是，他仍然不會在意，依然按自己的方式去處理事情。

潛在的智慧也是其特徵之一。雖不想向別人誇耀自己的學識、教養，不過有時卻會有新的創舉，使周圍的人為之震驚。

談話時容易像貓眼般滑溜溜地改變話題。而且會在心裡先把話整理歸納後再說出，稍微遲鈍一點的人就會不明瞭他在說些什麼。這種人很樂觀，但有時會因缺乏耐心而遭到挫折，然而遇到挫折時，絕對不會灰心氣餒。

人際關係——依親密的程度，所露出的表情也不一樣

乍看之下好似很不容易接近，不過，只要和她交往過，會發現她是個很有趣的人。但仍然無法真正地了解他，因為B型屬猴的人，總是依交往的深淺關係而露出各種不同的表情。

這種屬相的人不喜歡和陌生人接觸，所以，最初時很難與之交往。但習慣後就會發揮他喜歡交際的本領，享受人際關係的樂趣。

與人交談時，話題豐富生動，說話技巧也很具魅力，而且充滿著幽默感，很多人都樂於與之交往，因為從她那兒可以獲得各方面的知識。

然而，和B型屬猴的人深交，就會帶來不安。雖然他能以輕鬆的心情去接待人，且會把自己的心事告訴朋友，但朋友卻無法完全了解他。

因為他平常說話總是以開玩笑的口氣，而使人覺得不可靠，因此，常常讓人抱著不信任的心理。

人生——以最短的距離朝目標前進

B型屬猴的人，是個善於待人接物的人。其處事就像浮游在水上的水黽一樣地輕快、敏捷。

具敏銳的觀察力，而且消息比別人來得快且多，是故，B型屬猴者常能以最短距離向目標前進。

對社會現況也能適確地留意，例如，最新流行的服飾，對某高所得者的生活話題尤其注意，而且所得到的消息和知識會馬上運用在實際生活上。

較不喜歡停留在固定一個地方，常希望脫胎換骨地改變自己。雖然不抱有遠大的期望或野心，不過，卻無法忍受十年如一日的單調生活，所以，經常渴望富於變化的生活。關於這一點，從另一個角度來看，可說是缺乏耐心的表現。

實際上，B型屬猴的人，太過於期望多采多姿且富於變化的生活，因而忽視每天踏實地去努力。雖然很善於待人接物，但生活上卻沒有安全感，這也是缺乏耐心之故。因此，有些人到了中年以後，就會開始為自己的生活著急。

機運——能比別人更先獲得機會

B型屬猴的人天生聰穎，故能充分地把握機會。眼前的機會，會比別人更先獲得，而且會把握一個接一個來臨的新機運。

但絕對不可因此而得意忘形，一旦過於疏忽，好不容易抓住的機會，就會因沒有充分地利用而逸失良機。若發生在中年以後，則有可能會造成無可挽回的失敗，必須加以注意。

職業——適合在服裝界發揮

對流行的趨勢很敏感，又經常求變化的B型屬猴者，適合從事華麗的服裝業。

經常會收集新的資訊，快速地掌握流行趨勢。有時為了購入最新的產品，會跑遍全國甚至出國採購。

若能擔任提供服裝表演的企劃和消息的顧問，就可以發揮潛在本能。從事這種行業需要很大的耐心，所以，這種屬肖的人要當個服裝設計師很難。

愛情——擁有溫柔的愛心

B型屬猴的人，很會掌握異性的心理。在追求異性時，不會畏首畏尾，而以坦率來表達自己的感情，這種表達方法很洗鍊，且依異性的個性而以不同的方法來追求。

由於擁有愛心，故能與異性保持親密的關係。約會時，會選定對方所喜歡的地方以支配他。不過，一般看來，最後大都希望對方與自己保持相同的步調。所以，她會很巧妙地把自己的人生觀及生活方式表達給對方知道，企圖對方也能配合自己。

在此情況下，對方便在不知不覺中陷入她的陷阱，這種交際方法很高明，且令人很佩服。此外，她也很會關懷別人，這使得雙方容易變得很親密。

B型屬猴的人也有善變的一面。對於已獲得的愛人，會突然地失去熱度，有時候當對方對她很熱情時，她的態度開始變冷淡。

婚姻——對於需要責任感的婚姻會感到很棘手

B型屬猴的人，自知自己對任何事都容易生厭，而且缺乏耐心，因此，對於需要責任心與恒心的婚姻生活感到畏懼。雖然和異性的交往很密切，但卻晚婚。

一旦決心結婚，便會一改過去的惡習，為嚴謹、踏實的生活而努力不懈，並且努力也將有所收穫的。

性愛——有時會讓人覺得對性愛不成熟

B型屬猴的人，對性愛並不執著。雖然異性對她極有好感，不過，她在性方面卻給人很不成熟的感覺，她並不是故意裝做很不關心的樣子，而是天生就對性方面成熟得較慢。

有智慧性的交談，較適合B型屬猴的人。

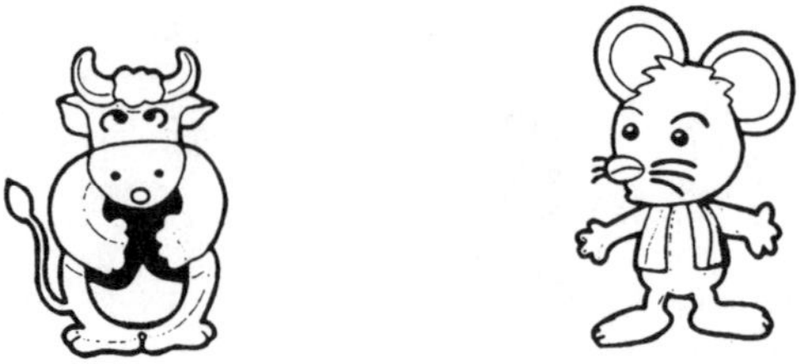

適合你的結婚對象

【屬鼠的人】

此屬肖的人非常適合妳，他在理論方面較弱，做事完全憑直覺，和頭腦反應靈敏的妳能順利地交往。

兩人的戀愛方式極相似，因此，也可以彼此享受說話的技巧。不過，在遊樂時，往往會忘記對方是戀愛中的情人，這是需要注意的地方。

【屬牛的人】

妳和他的個性完全相反，為人嚴謹、踏實的他，對妳來說或許欠缺一些風趣。

不過，他是個斯文、可靠的人。由於害羞的心理，使他不善於

表達情意。倘若妳能配合他，讓他能表達出自己的心意，那妳將會獲得無憂無慮的愛情。

【屬虎的人】

有堂堂男子漢氣概的他，追求個性明朗的女孩，對妳一見鍾情。

但是，你們的交往不會很順利，交往越深，越容易發覺對方的缺點。故早日剪斷情絲，以朋友身分相待是明智之舉。

【屬兔的人】

妳會被他的男子氣概所迷，一旦聽了他的甜言蜜語，便容易自我陶醉不已。他總是以熱情的眼光凝視著妳。但是，今天他對妳好，明天就不曉得會對誰好，他就是個如此輕浮、善變的人。

忌妒心強的妳，會使他變得暴躁，因此，最好矜持自己，萬萬不可接近他。

【屬龍的人】

這種人無論在戀愛或工作方面，都是最適合妳的對象。即使在興趣方面，例如談論書籍、音樂等都很適合妳。

由於他是個神經質的人，在言行舉止上千萬勿有輕浮的現象，若妳能堅守這點，那幸福的日子將指日可待。

【屬蛇的人】

他稱不上是個美男子，從外表看來就可得知，但事實上，他是個頭腦靈敏、感受性高的人。

一心嚮往蝴蝶般輕快地戀愛的妳，對於他的佔有慾會感到困擾，但是，能如此真誠愛妳的人實在沒有幾個，離開他將是妳的損失。

【屬馬的人】

個性活潑開朗的他，身邊經常圍繞著許多女孩子，所以，要想

讓他回頭注意到妳，確實不容易，而且他是個相當難應付的人。

沈迷於賭博、酒色的他，不會以妳為重，這種男人離他越遠越好。

【屬羊的人】

心細如絲又誠實的他，會激發妳母性的本能。但太過於溺愛他，是很危險的，千萬不可使他成為一個懶惰蟲。

他原本是個自尊心很強的人，但是，能使他從錯誤中覺醒的只有妳，因此，那就要看妳怎麼使他改變了。

【屬猴的人】

兩人都很優秀，但由於自我意識太強，所以兩人不太合得來。若把戀愛當遊戲，把他當作第二個情人，妳就能快樂地過活。

他在玩樂方面可說是一流人物，同時，他也喜歡從事社會研究，所以，妳可以晚上和他一起出去玩樂。

【屬雞的人】

他是個很注意其他事情的人，所以，常會忘記和妳約會的事。應多加強他對妳的印象。

在愛情方面注重氣氛，但在緊要關頭往往會突然躲開。對任何事皆提早做決定的妳，經常覺得欲求不滿。

【屬狗的人】

他是個健康又愛好運動的人。他頗有聲望，決不會辜負妳。妳和害羞的他約會的地點，通常都在一般的遊樂場所。

在輕鬆的氣氛下，若沒人注意，他會摟住妳的肩，你們的感情也會有很大的進展。

狗和猴合不來的說法，只是古時候的迷信。

【屬豬的人】

他表面上看來既單純又和善，但對自己不利的事會馬上躲開。他這種態度，會讓妳感到很失望，最後會以悲劇而終。是故，適當地刺激對方的心，不深入交往，是最好的方法。

如何表現你的魅力

開朗又具行動性，且對流行很敏感的妳，任何人看了都會被吸引。要想增進妳的吸引力，就得有異於他人的打扮，重點在於適當地擷取流行做較女性化的打扮。

例如：穿上男用的白襯衫，配上一件牛仔布製的迷你裙，或以絲質的女襯衫配上半舊的牛仔褲，這樣一來，妳的裝扮便會很出色。

此外，培養幽默感可以啟發妳潛在的魅力，這也是很重要的。

選擇適合你的對象

B型屬猴的人，腦筋反應靈敏，行動也很快速。和深思熟慮的B型屬牛者完全不適合，反而顯得個性急躁。能配合妳的步調，有知性又行動派的人，才是最適合妳的對象。

在工作或功課方面，最好選擇一個可以容忍你無耐心與易生厭的缺點的人。若所選擇的是一個有責任感的人，那麼，即使妳做事半途而廢，他也能有耐心地引導妳抵達目的地。

相信只要靠著你們的行動力，感情一定可以順利進行。

給你的建議

【學業】　原本就是個聰明的人，理應有良好的成就，只可惜不會充分利用天賦資質。

歷史、地理這類需熟記的科目，考前趕夜車就可以應付自如，但像英文、數學這種靠理解的科目，就無法靠臨時抱佛腳來應付了，故平時就應有條理地去預習和複習。

【事業】 從事富於變化的工作較能發揮其才能。特別是企劃一類之事，獨特的創意常使在坐者為之大驚。

但是，對於每天固定又單調的工作，不會熱衷，因此，應該努力去培養耐心。

【經濟】 妳並不是個會一元五角錢都慢慢存起來的人。雖然沒有財運，但又不知節儉，即使收入豐，也會不知不覺地花光。妳是個樂天派的人，總認為「沒錢照樣能過日子」。

對金錢的處理，需要有計畫性。

【健康】 經常為了追求新刺激及變化，無法一整天待在家裡。假日一早就出門或旅行，從不曾充分休養一下身體。因常勉強去做，故有過度疲勞之憂。

尤其在中年以後，更需要注意年輕時因過分勞累身體所導致的後遺症。

B血型

雞年生的人

性格──特立獨行、自尊心強

B型屬雞的人，自尊心比任何人都強。獨來獨往而不喜歡受人指使，有時候甚至對好朋友擺出驕傲的態度，這都是由於他強烈的自尊心所致。

B型屬雞的人，不論在好或壞的方面，感情的起伏都很激烈。總而言之，他就是個易動氣的人。對可憐的人有強烈的同情心就好像是自己的事一樣，有時又表現的像英雄一樣，傲視一切。

這種人最討厭狐假虎威地擺架子。具有強烈的反抗心，容易不顧一切地和別人衝突。雖然他不喜歡別人擺架子，但其驕傲的態度，常被周圍的人認為他是個愛擺架子的人。

各方面都喜歡自作主張，因此，有時會被人誤以為愛出風頭。對於合不來的對象，也會像小孩一樣天真而明顯地予以排斥，所以，常常地遭到他人嚴厲的批評。

人際關係——擁有溫柔的心

B型屬雞的人，與人交往時容易發生摩擦，連不該說的話也說了出來；有時，雖然知道別人心理是怎麼想，卻又偏偏做出使人不悅的事。這都是由於他幼稚的想法所致。

這種人很希望能以溫柔的心與人交往，但一和人往來，行動就完全相反。然而B型屬雞者對於自己這種言行不一的缺點感到非常痛恨。

他做事不喜歡敷衍了事，而是認真行事，尊重對方的立場，因此，可以建立和善又值得信任的人際關係。

B型屬雞的人，對於「明知自己的缺點，偏偏又犯這種毛病」的惡習感到很煩惱。雖然他非常了解自己應如何與人相處，但常為了一點小事就失去理智，做出不該做的事情，並且常在事後立即反省。這種惡性循環，常使她感到煩惱無比。

B型屬雞的人，如果想要有更好的人際關係，就要時時保持冷靜的態度。

人生——很難和他人採同一步調

B型屬雞的人，有天賦的才能、卓越的行動力，及具有效地處理繁雜事務的能力，但他的人生卻充滿著相當多的波折。

基本上，他是個獨來獨往的人，但並非特別喜歡孤獨，只是因為對自己有絕對的自信，所以，很不容易與他人同一步調。

縱然和伙伴一起共事，也容易感情激動而採取獨善其身的態度，所以，和伙伴之間便易發生嚴重的裂痕，最後反而耽誤了工作。此明顯地欠缺人和的個性，會使B型屬雞的人生發生很大的波折。

一個人無論他多麼有能力，畢竟個人的能力有限，唯有接受可以彌補自己的缺陷的朋友之惠，才能步上安定的人生旅途。

但是，那獨善其身的態度，有時候反而使其得到他人所無法獲得的成就，所以，不可一概地批評這種個性。

機運——雖有機運，但不能充分利用

B型屬雞的人，具有才能及行動力，很容易獲得機會。但是，要談到把握且活用此機會，那簡直是兩回事。由於B型屬雞者經常受到自己的強烈自尊心和任性所連累，因而坐失良機。是故，有時候必須抑制自己的感情。

不過，強烈的自我主張及自尊心，有時反帶給自己比他人還多的機會。但當機會來臨時，千萬不可蹉跎，必須好好把握。

職業——若當女演員，將會受到歡迎

B型屬雞的人，是個自我主張很強的人，所以，很適合當需要表現自我及個性的服裝模特兒或女演員等。特別是當女演員，不但可以隨自己意願來表現，且可以充分地發揮才能。

不過，無論是當模特兒或是演員，要想獨立表演必須相當的努力才行。而且想要工作能順利進行，和他人之間的協調也是很重要的，所以，萬萬不可太任性。

愛情——熱烈又天眞的愛情會使對方感到愉快

B型屬雞的人在「人和」方面有嚴重的缺失，這在前面已提過。關於「愛情」則完全無此缺失，實際上他卻是個熱情又天真的人。

B型屬雞的人是個特立獨行的人，所以，往往孤單寂寞。和同事或同性之間很不容易協調的B型屬雞者，至少和自己所愛的人在一起會心花怒放、熱情地和對方親熱。

在公司是個嚴厲又會責罵下屬的上司，回到家就是個溫柔賢淑的妻子，B型屬雞的人都有這樣的傾向。

對愛人會奉獻純真的愛情，且平時任性的行為也都將隨之消失，這種改變往往令周圍的人大吃一驚。他也會以寄信或送禮物來抓住對方的心，雖然是有點不自然，但常使對方感到很愉快。

婚姻——對婚姻比任何人更憧憬

B型屬雞的人，對於婚姻和家庭生活，持有強烈的憧憬。因為人生容易受波折所動搖，是故很希望有個穩定的家庭生活。

一旦結婚，則努力做個賢妻良母。一般而言婚姻生活很順利，但若常和丈夫發生爭執，天生的任性個性，就完全暴露出來。

性愛——會有不正常的性生活傾向

B型屬雞的人，往往隨著感情的起伏而過著不正常的性生活。由於身心不十分平衡，容易受性的誘惑，事後又很後悔，這必須特別注意。

假若有過一次性經驗，不管和對方是否有感情，也會繼續和對方發生性關係。婚後雖然會過著比較穩定的性生活，但隨著時間其紅杏出牆的念頭也與日俱增。

適合你的結婚對象

【屬鼠的人】

因為兩人的自尊心都很強，所以，常互相排斥以致不歡而散。妳若說右他就偏說左，妳說好他偏不，兩人互不想讓。

不過，若兩人年齡差距太大，他的思想會比較成熟，若能以坦率的心對待他，他必能諒解妳。

【屬牛的人】

雖然兩人都很相愛，但彼此都無法了解對方。有時候他向妳傾訴衷曲，妳會以為他是裝出來的，而他對於妳在想什麼也不甚了解。

這種屬肖是很適合妳的對象，故務必努力與對方溝通。

【屬虎的人】

一旦已決定的事情，他一定會徹底地完成它。是做事經常半途而廢的妳，值得多多學習的人。

他做事時的謹慎態度會讓妳感到驚訝。但他對於太任性的妳，不會產生好感。

【屬兔的人】

對於應付女性，很有辦法，以及談吐又很富藝術氣息的他，會使妳漸漸步入他的圈套。若能經常觀察，分辨他說話的真偽，就不致於上當。

有時又會表現得幼稚可愛。因此，若你們能交往，在不知不覺中，他將受妳的影響而配合妳的步調。

【屬龍的人】

你們會受命運的支配而相遇，且初次見面時一定會被對方互相吸引。

雖然妳不想當個平凡的家庭主婦，但不管是當他的工作伙伴或是妻子，他都會讓妳自由自在地生活。雖然你們也遭遇到一些困難，但那遲早要過去的，你們也將會永遠地在一起。

【屬蛇的人】

他熱愛電視裡的摔角節目、喜歡聽爵士樂、聽了他人的傷心話會流淚。雖然是這樣，但其內心的感情，卻不會輕易地表現出來。

雖然沒有什麼事，他也常打電話給妳或邀妳去喝咖啡等，這是他對你有心的證明。

若繼續交往，你們的愛情將有很好的結局。

【屬馬的人】

他是個會傷害妳自尊心而使妳傷心的人。他重視外表勝於重視內心，如果妳有美麗的容貌和充分的信心，就可以去追求他，但最後還是沒有結果。

【屬羊的人】

妳對他幼稚的興趣、嗜好會感到不滿。他經常身上都隨身攜帶他所仰慕的女影星照片，對於他這種癖好，妳極感厭惡，因此，無論你倆兩怎麼合得來，都不可能結合。

【屬猴的人】

儘管他是個交際能手且為人和善，但卻缺乏獨創性。因此，對於凡事都想窮究不捨的妳來說，也許你會感到很沒趣。

但是，能使周圍氣氛明朗化的他，妳最好還是將他當成普通朋

友般地交往。

【屬雞的人】

表面上他很喜歡妳，但他卻是個自私到只顧自己的人，對於一心想接近他的妳，並不合適。

雖然他也有想接近妳的意思，而且表露得很明顯，可是你倆經常一見面就吵個沒完沒了。

【屬狗的人】

他是個愛開玩笑的人，無論何時總是以開玩笑的口吻說話，所以對於他說的真心話，妳也常覺得那是在開玩笑。

她頭腦清晰、謹言慎行，所以，所開的玩笑都不會傷害到任何人，可惜妳卻很難了解他的所作所為。

【屬豬的人】

外表裝扮得很斯文，指甲修得細長，鼻梁上還掛著太陽眼鏡的他，很注重時髦，但在大庭廣眾之下他也會去拔鼻毛。對於行為如此不平衡一致的他，妳仍會對他產生感情。

他是個會眷戀家庭的人，若能和他在一起，生活一定是愉快美滿的。

如何表現你的魅力

雖然妳是個行動派的人，但感情的起伏很激烈，所以，稍微樸素、傳統的服裝較適合妳。也許這對於喜歡出風頭的妳，或許會不滿足。不過，妳的行動確實需要用服裝來抑制才行。

雖是極普通的衣服，若能搭配得很有個性，一樣也能充分發揮妳的魅力。

化妝時要把重點放在眼部，而且要自然樸實。

選擇適合你的對象

這種人說好聽是感受性豐富，說不好聽就是感情用事、任性。因此，心胸廣闊有包容心的人，最適合當妳的夥伴。

假若他是個能包容妳的任性，且在一旁默然注視著的成熟的人，你們將永遠可以相處得很愉快。因此，妳和年長一點的男性交往，會更愉快稱心。尤其是在工作和學業方面，能經常嚴肅地指責糾正妳的人最好不過了。

給你的建議

【學業】　B型屬雞的人自尊心很強，不輕易認輸。

在學校時時以獲得高分為目標而努力。但為了不讓人認為他是個特別用功的人，經常白天遊玩，夜晚才來讀書。這種讀書法，往往演變成獨善其身的個性，不容易適應團體在一起唸書。

【事業】　具有處事的能力，無論任何事都能有效又迅速地處理好。開會時，也常有自己的主張、意見。

不過，有時候太侷限於自己的想法，使得有系統的事，也變得紊亂，甚至傷害他人。故應注意抑制自己，以免傷及他人。

【經濟】　B型屬雞的人收穫豐、支出也多，一想到要某樣東西，就非得弄到手不可。而且為了不讓別人認為自己吝嗇，一有錢就找朋友一起去揮霍。

這種人需要努力去一點一點地慢慢存錢。

【健康】　B型屬雞的人喜隨著感情的衝動來行事，不知不覺中會勉強自己去做事。精神狀況並不很好，往往會增加精神上的壓力。

這種人必須過規律的生活，尤其要嚴禁熬夜。慢跑、網球、韻律操等適度的運動，可以恢復你的健康。

B血型

狗年生的人

性格——踏實地走自己確信的人生旅途

B型屬狗的人，做事始終都貫徹到底。個性執著，絕不半途而廢，能清楚地明辨是非。

外表看來，一點都不像善於待人處世的人，但卻認為只要踏實地去走自己確信的路，就可以了，這是他的人生哲理。

這種人不是見異思遷的人，常會以身懷一技，貫徹一職為原則，也以此為樂。頑固的個性有時也常表現出來，心情不佳時，無論如何勸導、安慰，都無動於衷。

雖然很任性，但決不會任意傷害他人。懂得尊重對方的立場及看法，不會勉強對方接納自己的意見。並不想去干涉他人的生活，但也不喜歡別人來干涉自己。

B型屬狗的人，是個沒有慾望需求的人。若能貫徹自己的信念，過自己的生活，即使過著缺乏物質的貧困生活，也不會有怨言。

人際關係——對他人的好惡感表現得很明顯

B型屬狗者的頑強個性，最容易表現在人際關係上。對人好惡的強烈感覺，簡直沒人可與之匹敵。

所以，對朋友的選擇也就特別嚴格。

一旦選定了喜歡的對象，就會繼續保持這份情誼而永遠堅定不移。心胸廣闊的他，是個能把對方的困難當作自己的事的人。但是，對於自己不喜歡的人，則加以忽視不予理睬，無論對方如何地追求，也始終都表現得很冷漠。

總言之，他對人的好惡判斷基準，是在於這個人是否值得信賴。是人緣好、談吐風趣的人，或與其志同道合的人，若被他覺得他不誠實，就會立刻判斷「無法與此人做朋友」。

在B型屬狗者的看法，就是無論如何都要給人有某種堅苦的感覺。像這種固執的個性，雖然周圍的人很信任他，但也會使人敬而遠之的。

人生——雖然失敗也不會改變信念

B型屬狗者的人生，是貫徹到底的，在到達自己設定的目標之前，無論遭遇到什麼險阻或困難，都會繼續地走下去。

這種生活方式雖然常常被譏為太正直、死板，但B型屬狗的人不在乎別人的看法，依然我行我素。

由於處世不靈活，且太拒人於千里之外，因此，決不會走向高速公路那樣平坦的路。雖然如此，一旦絆倒了也絕不改變意志。

並不會去關心世俗的慾望，反而特別重視精神上的滿足感。這絕不是唱高調勉強自己去做，而是天生就如此。

從反面來說，是個不通融而且刻板的人。若能貫徹初志，過著精神上可以得到滿足的人生，將可以比任何人都幸福。

在漫長的人生旅途中，常有不得不改變原訂計畫的時候，此時B型屬狗者往往都無法適當地應付，反而表現出頑固的個性。

機運——容易逸失良機

B型屬狗的人頑固、不靈巧，一味地走自己既定的人生旅途，雖然常遭遇到困難，也會獲得意外的機會。

由於為人正直，沒有什麼慾望，因此，對於與自己意願不合的機會也不會去回顧流連。縱然那是個可以轉變人生的大好機會，也不會有所察覺。但若是遇到適合自己目標的機會，無論多麼小也都能確實地利用。

職業——靠耐心和認眞的態度就能使工作繼續不斷

自己決定的事，無論遇到什麼困難，最後仍要完成它。若從事需要耐心與有持續性的工作，可以大大發揮其潛能。

例如：拍電影時做紀錄的場記、電視節目測時的計時員等職業，都很適合B型屬狗者。而且由於做事認真，也很適合從事經理或銀行行員等金融機構的工作。只是有時候若沒有通融性就容易發生困難，這點須加以注意。

愛情——會體貼對方，專心地愛他

她會不顧雙方家庭的對立，像茱莉葉與羅密歐一樣，而為自己所愛的人奉獻一切。B型屬狗的人就是對對方如此地關懷體貼，且一心一意地愛他，而從不期待回報，只希望對方幸福，因此，心裏總想著對方是否過得快樂。

客觀來看，B型屬狗者的愛情或許太過於做作，但事實上卻是相當的純潔，沒有一般男女之間俗氣感情的感覺。

B型屬狗的人並非特別的愛裝模作樣，也不是喜歡陶醉於自我犧牲的愛情中的人。只是想依自己的意思把心中的感覺傳達給對方。

被B型屬狗者愛上的人是幸福的，有如升天般甜美。但由於太過於純情，有時也常被認為缺乏情趣。

婚姻——母性的本能很強烈，會儘量地奉獻自己

狗原本就是很有感情的動物，尤其是對自己的子女都具有強烈的母性本能。

B型屬狗的女性，對於丈夫有很深的愛，對子女也具有很大的關懷。她從小就夢想將來能把愛奉獻給對方，期待將來築一個溫暖的家庭。

她能和夫家的家人、親友巧妙地相處，且行事謹慎而不會讓丈夫丟臉，對子女的教育也都採取媽媽式的教導。

性愛——身心都會奉獻給所愛的人

B型屬狗的人，對自己所愛的人完全奉獻，但不是一個會為了奉獻自身的肉體而和對方斤斤計較的人。從開始感受到對方的愛之後，就積極地追求對方。

這種強烈的態度常常使對方大感驚訝，往往被誤認為是浪蕩之女。也不會拒絕性愛的氣氛和技巧，反而還要求更熱烈的愛情。

適合你的結婚對象

【屬鼠的人】

妳會發覺在周圍的禮物幾乎都是他送的，且堆積如山。膽小的他不敢開口表達，只好以禮物來代替。

靈巧的他不知何故竟會為妳而去喜歡吉他的聲音。但是，若妳對他無意，最好及早與他分手，免得傷了他的心。

【屬牛的人】

兩人都具有強烈的正義感，絕不會做傷天害理的事。若希望過幸福平凡的生活，除此人之外沒有更合適的人了。

由於兩人的個性頑強，有時候只要妳能讓步，便能開創溫暖甜蜜的世界。

【屬虎的人】

這種肖相的人很卓越，奇怪的是妳的家人中也有屬虎的，而且特徵也和他一樣。

他長得並不如他的外表誠實，可說是個多情的花花公子，但他卻能包容妳的任性，為妳解決所有的困難。

【屬兔的人】

雖然他個性輕浮，但對妳是例外。他對於妳毫不隱飾的健康美很愛慕。

對任何事都具豐富經驗的他，妳會覺得他是個有趣又快樂的人，即使是在床上也是如此。不過，不管在那一方面，妳都應該多多磨練自己，不要差他太多。

【屬龍的人】

頗受藝術感受性之惠的他，是音樂界中風頭很健的人。由於富於感受性，因此亦受到傷害。但聰明的妳始終都伴在他身邊撫慰他，所以，羅曼蒂克的戀情就此譜成。

他配合著妳的歌聲輕唱著，這將是你們永難以忘懷的回憶。

【屬蛇的人】

雖然妳想去喝咖啡，他卻想去吃牛肉麵；妳覺得好笑而大笑的電影，他卻對妳說：「妳不該笑，這是部嚴肅的電影。」而使妳大感失望。

雖然他很有教養，但大幅度地缺乏彈性，因此，最好不要與他交往。

【屬馬的人】

彼此愈了解，愛情就更堅固。

當妳寂寞或傷心時，他都伴隨身邊安慰你。雖然他很關懷體貼妳，但卻不易去擁抱妳，因為他很珍惜妳之故。

若時機成熟，妳可以坦然地將終生委託於他。

【屬羊的人】

單純且經驗不足的他，對於妳向他表示愛意，會感到慌張。

年齡比妳大，個子比妳高而且做是精悍的他，其實是個很內向的人。但對於任何事都直截了當地處理的妳而言，他並不是很好的對象，因為你們的交往並不會很順利。

【屬猴的人】

具有豐富學識的他，無論問他什麼問題，都能當場且明確地回

答你。

對於從小就讓大人傷透腦筋、滿腦子問號的妳，他會視同可愛的小妹般地愛護。但要把妳當情人，是件很難的事。

【屬雞的人】

他是個做起事來一板一眼，討厭馬虎敷衍的態度，對他人要求很嚴格的人。做事隨便的妳，會被他認為是個態度散漫的人。

他認為約會時要換下工作服，且不可嚼口香糖，所以，妳和這種人交往時會感到很拘束且不自在。

【屬狗的人】

外表看似不易接近的他，是個和藹可親的人。即使他的家世比妳好，妳也不要在意。

只要妳是真誠的，妳的期待一定有所結果。

【屬豬的人】

敏感的妳和他在一起，會顯出他的遲鈍。魁梧的身材，表現出他的天真無邪。他的純情，是他最難得的地方。若能發覺他的優點再與之交往，一定可以擁有快樂的時光。

如何表現你的魅力

Ｂ型屬狗的人，不會忘記給予他人關懷，是個和藹可親的人。溫柔而又可以包容他人的心，是妳最大的魅力所在。因此，能夠表現出溫柔的少女服飾，較適合你，而較成熟或帥氣的服裝，則無法發揮妳的魅力。

色彩較柔和的上衣、有荷葉邊的襯衫或洋裝等單純的少女裝扮較好。髮型也以半長或長的髮型為宜。

選擇適合你的對象

誠實但不善於應對的B型屬狗者，很容易吃虧。由於不會傷害他人，所以不曾特別地去挑選對象，反而被對方利用而傷了自己。

若是心胸寬廣且能瞭解妳的人，可以當一般朋友來長久交往。但是，和你一樣太誠實的人，則不可交往。

最好選擇具有幽默感且做事有彈性的人。

尤其是要當妳事業或課業上的伙伴，更應如此。因為在發生問題時，他會適時地幫助沒有通融性的妳。

給你的建議

【學業】 對自己所喜歡的老師所上的科目，會每天去預、複習，考試前也是很用功；若是不喜歡的老師上的科目，就不去碰它，而且用心的科目也不見得獲得好成績。

所以，必須要消除對老師的好惡的偏見，以及研究一下自己的讀書方法。

【事業】 所交付的工作都能確實地完成。但由於無慾望，就無法更加進步。因為慾望越大，越可完成較大的任務。

在工作上容易受人際關係所左右，所以，在和不喜歡的人一起工作時要格外小心。

【經濟】 B型屬狗的人會有計畫地一點一點地儲錢，決不會亂花錢，也不會隨便買衣服。所以只儲錢，年經時就比他人儲蓄了較多的錢，但這並不是吝嗇，而是以「當用則用」為原則。

【健康】 對食物有嚴重的偏好，往往營養不均勻。因此，常苦於低血壓或長面疱，應該努力去改變不喜歡食物的烹調方法。

對於熱衷的事會貫徹到底，為了避免積勞成疾，最好不要勞累過度。

B血型

豬年生的人

性格——直爽、乾脆

B型屬豬的人，膽大、有衝勁，猶如荒野中的野生動物般，充滿野性的魅力。不拘小節，做任何事都很豪爽。雖身為女性，但無論從何角度來看都具有男子的氣概，也沒有一點女性特有的嘮叨和憂鬱感。

對既定的目標會猛然前進，但由於做事衝動、個性浮躁，常常導致失敗。原本就有輕率的一面，所以犯小錯誤是常有的事。

在大庭廣眾之下，是個大方、不怯場的人。這種大方的行為，配合那輕浮的動作，顯得格外風趣。不過，有時也會大發脾氣讓周圍的人為之大驚。但絕對不是那種動則大怒愛亂發脾氣的大小姐。

他是個不驕縱、極易親近的人。從年輕時就有長者溫文儒雅的氣度，所以，容易博得他人的好感。

人際關係——擁有值得信賴的長者氣質

B型屬豬的人，有大將之風，不會欺負弱小，反而常濟弱挫強，是個有長者氣度而值得信賴的人。

心胸寬闊、熱情、有勇氣，無論任何方面都擁有長者的姿態。絕對不會高傲，並能和人愉快交談，而很快地就成為好朋友。也不會去探知他人的內心，做人坦率、不拘小節，且豪爽地與人交往。

雖然有時會被小人所騙，但卻不去記恨，反而豪爽地說：「算了」，立刻就改變氣氛。

但是，感受性較細膩的人，可能誤會這種人是個厚顏無恥、沒有見識的人。

的確，對任何事都較馬虎，且不會去注意他人感受的B型屬豬者，有時確實會出現厚臉皮的態度。同時，由於在談話、行動方面缺乏洗鍊，會不知不覺地表現得土裏土氣。而且有時候怒氣形之於外，讓周圍鄰居很困擾。

人生——比別人都加倍的努力

B型屬豬的人，都具有強烈的向上心。當別人投以五分力量時，自己則以十分的力量來行動。一旦下定決斷後，就會立刻去行動，心裏總認為早日行動比周密的準備來得有意義。

一旦開始行動，便會盲目地以強大的馬力前進。由於具有獨特的知性，即使被周圍的人認為很瘋狂，也能夠不離軌道地順利進行。

不過，以長遠的眼光來看，若沒有長足的準備，有時或許有嚴重的不良影響。而且由於進行的方法粗疏之故，重要的部份常常在不知不覺中遺漏。有時候往往在要到達目標時，才發覺已遺漏了很多。

這些錯誤的累積，有時也會招致重大的挫折，但B型屬豬者無論遭遇到怎樣的逆境，也絕不認輸。雖然有痛苦，卻能夠發揮無限的耐心和奮鬥的精神，像不死鳥般地從死裡復活，重新去迎接新的生活。

機運——無論遭遇任何困境都會發揮其戰鬥精神

具有很大耐心的B型屬豬者，可以確實地掌握機會。但在尚未周密地考慮就斷然行動，很容易招致失敗。因此，若不好好利用這難得的良機，常會在不知不覺中讓機會喪失掉。

但是，這種人無論有什麼困難，都不會忘掉他戰鬥的精神。因此，在中年以後的所有努力都會受到報償，而掌握住大的機會。不過要想使機會不逸失，就必須事前做詳盡的計畫。

職業——適合室外等具有活躍性的工作

有衝勁且大膽的B型屬豬者，與其坐辦公室不如從事在外活躍的工作，例如邀請外國音樂家，籌辦各種音樂會的發起人或攝影師，都非常適合。

若以那隨和的態度，經營咖啡店或餐廳，一定會生意興隆。但是，由於較不拘小節，故也不適合從事需要細心的節目安排工作。

愛情——不拘形式，會奉獻熱烈的愛

B型屬豬者的愛情，並非如一般女性一樣在意細節。而是極其坦率、大膽，如黑潮來襲的太平洋一樣豪爽且男性化。因為有男女之間的親密情感，故難以分辨到底是愛情還是友情。

付出給愛人的感情比任何人多。而且一一地超越年齡的差距、家世的不同、距離的遠近，全心全意地奉獻。尤其是正在戀愛時，心裡時時惦念著對方，而無心做別的事。

「戀愛是盲目的」，這句話用在B型屬豬者的身上是再恰當不過了。不僅是無心做其他的事，而且會把對方的一切都想得很美好，而成為所謂的「情人眼裡出西施」的狀態。

B型屬豬者雖是如此熱情的人，但一旦當愛情冷卻時，就會向退潮一般變得冷淡，如此一來，就開始討厭對方的缺點，久而久之，就厭惡對方的一切。

婚姻——在精神、物質兩方面都會引導丈夫

B型屬豬的人，無論在精神或物質方面都是家庭中的支柱。即使是身為女性，也不會只是依賴丈夫的溫柔妻子，反而會駕馭於丈夫之上，在精神上也常是站在引導丈夫的立場上。

奇怪的是，B型屬豬者的男性當了丈夫後，大都是依賴妻子。能幹的妻子和會在一旁溫柔地注視著妻子處理事務的丈夫結合，往往是幸福的。

性愛——從青春期開始就出現性感

B型屬豬者，成熟得較早，從青春期開始就會出現一般成熟女性的性感。當然，其追求者一定很多，所以，往往很早就有了性經驗。雖然如此，卻能夠清楚地分辨是逢場做戲而不會不知不覺地沉迷下去，即使婚後也不會被其他異性所吸引，面對丈夫保持自己的貞節。

適合你的結婚對象

【屬鼠的人】

沉靜且有哲學氣息的他，擁有妳所沒有的氣質，因此，妳會對他尊敬、仰慕。

雖然妳對他的印象很好，但他卻是個思想灰暗、冷漠的人。對於這種人妳只能從遠處看他，這是上上之策。

【屬牛的人】

他會對自己說的話負責到底，具有男子氣概，是個可信賴的人。它具有寬闊的心胸，可以包容妳輕浮的缺點。

想要得到他，就得寫熱情的情書給他，那麼，他一定會喜歡妳的。假若妳能注意一下固執的脾氣，你們就能持久交往下去。

【屬虎的人】

兩人都易於感情用事，忽冷忽熱，似乎在比賽誰先甩掉對方。彼此都會被對方的外表所吸引，只一起喝一兩次咖啡即告分手，這是常有的事。

由於兩人的心靈無法互相溝通。所以，精力旺盛的妳，也最好避開他。

【屬兔的人】

他是妳難得的好對象。認識他，即使你曾經有過一段不幸的戀情，也一定會得到幸福。

勿猶豫，儘早把妳的心意傳達給他，他一定可以給妳冷卻的心帶來溫暖的春風。

【屬龍的人】

和他在一起，妳萬事都得忍耐。自尊心強又任性的他，會隨著時間的流逝而變得能體恤他人且富有包容心的人。

如果妳有想和他在一起的生活自覺，就要等待。因為你們將會是互相信賴又幸福的一對。

【屬蛇的人】

他是具有耐力和實踐力的人，初次見面時妳就對他有好感。他很了解且會幫助個性正直單純的妳。

這種人在工作上比在感情上更適合當妳的好伙伴。非常了解妳為人的他，也能成為妳戀愛的好伴侶。

【屬馬的人】

這種屬肖的人最不適合當妳的對象，你們的在一起，是一場沒

有希望、沒有結果的戀情。

對於易受騙的妳來說，他是個應小心注意的人物，他會逢場作戲地去接近妳，最後讓妳傷心。雖然妳曾與他發生性關係，請儘早忘掉甜蜜的床第之事。

【屬羊的人】

喜歡照顧別人的妳，很適合成熟、懦弱的他。

由於受妳的影響，他會漸漸開朗進取起來，而且妳也會學習他謹慎、優雅的態度。當他佔有了妳之後，或許會在床上顯現出他的男子氣概。

【屬猴的人】

妳會被有精力、慣於玩樂的他所吸引，對於他輕浮的個性雖然妳儘量地容忍，但最後還是會爆發脾氣的。

妳的熱情，對他只是重擔而已，而且你也不會了解他到底為何

生氣。對這種人妳最好早點死心。

【屬雞的人】

聰明又口才好的他，非常引人注目，服裝上也別具風格，也許他不是故意想標新立異，但你並不會相信這件事。

妳和他是兩個不同世界的人，雖然妳想去突破，但往往都遭失敗。因此，最好與他保持距離。

【屬狗的人】

雖然雙方都是正直的人，但不知為何就是抓不住對方的心，因此，雙方都很想知道對方的心理。

他做事很謹慎，若花些時間慢慢地接近他，應該可以成為好朋友。但若要當戀愛的對象，則難以交往，故不宜深入交往。

【屬豬的人】

這種人每天都會和妳作愛。生活方式一旦固定後，由於太單調，兩人都會突然冷淡下來。

在日常生活方面也是一樣，最後由於反覆做同樣的事而生厭，結果，兩人都會覺得很失望。因此，這種人妳不宜與之交往。

如何表現你的魅力

大膽、豪爽的B型屬豬的人，是老大姐型的人。受她和藹可親的態度所吸引的同、異性朋友有很多。

不過，在服裝上，此種屬肖的人其穿著稍嫌落後了一點。若要加強自己的魅力，就非得培養這方面的常識，且必須多注意服飾與髮型的搭配。

首先，應該到美容院和美容師商量後再決定適合自己的髮型。其次，要研究時裝雜誌及買一些流行的小飾物。如此一點一點地慢慢改變自己的形象，是其要點。

選擇適合你的對象

在行動方面，由於不是膽小畏縮之人，所以擁有很多的朋友。只是對於要長久交往的伴侶，應慎重地選擇。

因經常都在尚未仔細考慮時就開始行動，所以，常引起不必要的麻煩和差錯。若所認識的對方是個能包容自己的缺點，且深思熟慮型的人，則可以安心與之交往。尤其是工作和課業上的伙伴，以穩重沈著的人為宜。

心思細膩型的人，不適合當妳的伴侶，這點應多注意。因為他的細膩與妳的大膽會合不來，彼此就無法相互了解。

給你的建議

【學業】 妳不善於深入思考問題，因此數學、理科及國文等科目並不怎麼拿手。而且注意力不集中，考試時常犯疏忽的毛病。

妳應該採用固定的讀書方法。

【事業】只要一開始做某件事，無論是遭到什麼困難，都不會半途而廢，而且會貫徹到底。由於缺乏計畫性，而無法收到效率，所以，不是一個做事很乾脆的人。

最重要的事，每天早上整理當天的工作，依計畫順序進行。

【經濟】由於不拘泥於任何事的豪爽個性，所以，一有錢就恣意揮霍。而且沒錢也不在乎，總以為船到橋頭自然直，一定有法子解決的。

為了預防萬一，即使是一點點也應努力去養成儲蓄的習慣。

【健康】B型屬豬的人身心都很健康。縱使稍有欠安也不會在意，而無形中勉強自己去做事，因此，有時候會引發一些感冒。所以，當身體狀況稍感不適時，應格外小心。

你和他的姻緣表

下頁的姻緣表是將血型與十二生肖配合而做出來的表格，你可藉此表看出你和他的緣分如何？不過，這只是一個大概的情形，僅提供你做為參考。當你看到◉的記號時，不要悲觀、失望，這是告訴你：「若要與他繼續交往，必須更努力才行。」反之，假使出現♡的記號，也不要過於樂觀，而忽略了彼此的努力，否則就會讓幸福悄悄溜走。

♡——可締結良緣，婚後將是最有默契的一對。

★——二人的緣分不錯，成為熱戀中的情侶。

❊——緣分普通。

◆——要繼續交往的話，需多加努力。

◉——緣分不佳，仍需控制自己的情緒。

蛇				龍				兔				虎				牛				鼠				他／妳	
AB	O	B	A	AB	O	B	A	AB	O	B	A	AB	O	B	A	AB	O	B	A	AB	O	B	A		
◉	❀	◆	◆	♡	♡	★	❀	◆	❀	◆	◉	◆	◉	❀	★	★	♡	★	♡	◆	★	❀	◆	A	鼠
❀	◆	◆	◉	★	♡	★	★	❀	★	◆	◆	◆	❀	◆	◆	★	★	♡	★	❀	★	❀	❀	B	
❀	◆	❀	◆	♡	★	♡	♡	◆	◆	◉	❀	❀	❀	◆	◆	★	★	★	♡	❀	◆	❀	★	O	
◆	❀	◆	◆	★	♡	★	★	◆	◆	❀	❀	❀	❀	◆	❀	❀	♡	★	★	◉	❀	◆	❀	AB	
★	★	★	♡	❀	❀	❀	◆	◉	❀	❀	◆	◆	◉	◆	★	❀	❀	❀	◉	★	♡	★	★	A	牛
★	★	♡	★	◆	◆	◆	❀	❀	❀	◆	❀	◆	◉	◆	★	❀	◆	❀	❀	★	♡	★	★	B	
★	♡	★	★	❀	❀	❀	❀	❀	◆	❀	❀	◆	◉	❀	❀	❀	❀	◆	❀	★	★	★	♡	O	
♡	★	★	★	❀	❀	❀	❀	◆	❀	❀	❀	◆	◉	◆	❀	◉	◆	◉	❀	★	♡	★	★	AB	
❀	★	❀	◆	❀	❀	❀	★	❀	★	★	◆	❀	❀	❀	❀	◆	★	★	◆	◆	★	◆	◆	A	虎
❀	★	◆	◆	◆	❀	★	◆	❀	★	◆	◆	❀	◆	◆	❀	◆	★	★	◆	❀	❀	❀	◆	B	
❀	◆	★	★	❀	★	❀	❀	❀	◆	★	★	◆	◆	◆	◆	◆	★	★	◆	◆	❀	◆	★	O	
◆	❀	❀	◆	★	◆	❀	❀	◆	◆	❀	◆	❀	❀	❀	❀	◆	◆	❀	❀	◆	❀	❀	◉	AB	
❀	★	❀	◆	❀	❀	❀	★	❀	❀	❀	◉	◆	◆	❀	★	❀	◉	◉	❀	❀	❀	◆	★	A	兔
❀	★	◆	❀	❀	◆	❀	★	❀	❀	◉	❀	❀	◆	❀	❀	◉	❀	❀	◉	❀	❀	◆	❀	B	
❀	◆	★	★	❀	❀	★	❀	◆	◉	❀	❀	◆	★	◆	❀	◉	◆	❀	◉	❀	◆	◆	❀	O	
◆	★	❀	❀	★	❀	◆	❀	◉	❀	❀	◆	❀	❀	❀	❀	◆	◉	◉	❀	❀	❀	★	❀	AB	
❀	◆	◆	◆	❀	◆	❀	◉	◆	❀	◆	❀	❀	◉	◆	❀	❀	★	❀	◆	★	♡	★	♡	A	龍
❀	❀	❀	❀	❀	❀	◉	❀	◆	❀	◆	❀	◉	❀	❀	◆	❀	★	◆	❀	★	★	♡	★	B	
❀	❀	❀	◆	❀	◉	❀	◆	❀	◆	❀	❀	◆	❀	❀	◆	★	◆	★	★	★	♡	★	♡	O	
❀	◆	◆	❀	❀	❀	❀	❀	◆	◆	❀	◆	❀	◆	◉	❀	◆	❀	★	❀	♡	★	★	♡	AB	
❀	★	◆	❀	❀	❀	❀	◉	❀	❀	❀	◆	◆	❀	❀	❀	★	♡	★	★	◆	◆	❀	◉	A	蛇
★	★	◆	❀	❀	◉	◆	❀	❀	❀	◆	❀	❀	❀	◆	◆	★	♡	★	★	◉	❀	❀	◉	B	
❀	◆	★	★	❀	❀	◉	❀	❀	◆	❀	❀	❀	◆	◆	❀	♡	★	♡	♡	◆	◆	❀	❀	O	
❀	❀	★	◆	◉	❀	❀	❀	❀	◆	❀	❀	◆	◆	❀	❀	♡	♡	★	★	❀	❀	◆	◆	AB	

好♡→★→❀→◆→◉壞

他＼妳		豬				狗				雞				猴				羊				馬			
		AB	O	B	A	AB	O	B	A	AB	O	B	A	AB	O	B	A	AB	O	B	A	AB	O	B	A
鼠	A	❀	◆	❀	★	❀	◆	◉	◉	◆	❀	◆	◆	★	♡	★	★	◉	❀	◉	◆	❀	★	❀	❀
	B	◆	◆	❀	★	❀	❀	◉	◉	◆	❀	❀	◆	★	♡	★	★	❀	❀	◆	◆	❀	★	❀	❀
	O	♡	◆	❀	❀	❀	◆	◆	◆	◆	◆	❀	❀	♡	★	♡	♡	❀	❀	❀	❀	❀	❀	★	★
	AB	◆	◆	❀	❀	❀	◆	◆	◆	◆	❀	❀	◉	★	♡	❀	★	◉	❀	❀	❀	◆	★	❀	❀
牛	A	❀	❀	❀	★	◆	◆	❀	◉	★	★	★	♡	❀	◆	❀	❀	❀	★	❀	❀	❀	◉	❀	◆
	B	❀	❀	★	❀	❀	❀	❀	❀	★	♡	★	★	❀	◆	❀	❀	❀	★	❀	❀	❀	◉	◆	❀
	O	❀	❀	◆	◆	◆	◆	❀	◆	★	★	♡	★	❀	❀	◆	◆	★	❀	★	★	❀	◆	◉	◉
	AB	★	❀	◆	◉	♡	◆	❀	◆	♡	★	★	★	❀	❀	❀	❀	❀	★	❀	❀	◆	❀	❀	❀
虎	A	❀	❀	◉	◉	♡	★	★	♡	◆	❀	❀	◆	★	❀	❀	★	◉	❀	❀	◉	★	♡	★	★
	B	❀	❀	◉	◉	★	♡	♡	★	◉	◆	◆	◉	❀	★	★	❀	❀	◆	◉	❀	♡	♡	★	★
	O	◆	◆	❀	❀	★	♡	♡	★	❀	❀	❀	❀	❀	★	★	❀	❀	◉	◆	❀	★	★	♡	♡
	AB	◉	◉	❀	❀	♡	★	★	♡	❀	❀	❀	❀	★	❀	❀	★	◉	❀	❀	◉	★	♡	★	★
兔	A	♡	♡	★	★	★	♡	★	★	❀	❀	★	★	◉	❀	❀	◆	★	♡	★	★	★	◆	◆	★
	B	♡	♡	★	★	♡	♡	★	★	❀	❀	★	★	❀	❀	◆	❀	♡	♡	★	★	◆	◆	❀	◆
	O	★	★	★	★	★	★	♡	♡	★	★	❀	❀	❀	◆	❀	❀	★	★	♡	♡	◆	❀	◆	◆
	AB	★	★	★	★	★	★	♡	★	★	★	❀	❀	◆	❀	❀	◉	★	★	♡	★	★	◆	◆	★
龍	A	◆	❀	❀	◆	♡	★	★	❀	★	♡	★	★	♡	★	★	♡	❀	❀	◆	◆	◆	❀	❀	★
	B	❀	❀	◆	◆	★	★	❀	★	★	♡	★	★	★	★	♡	★	❀	❀	◆	◆	◆	❀	★	❀
	O	❀	❀	◆	❀	★	❀	★	★	♡	★	♡	♡	★	♡	★	★	◆	❀	❀	❀	❀	❀	❀	❀
	AB	❀	◆	❀	❀	❀	★	★	♡	★	♡	★	★	♡	★	★	♡	❀	◆	❀	❀	★	❀	◆	◆
蛇	A	❀	❀	❀	★	❀	◆	❀	❀	♡	★	★	♡	❀	◆	❀	★	❀	◆	❀	❀	❀	❀	◆	◆
	B	❀	❀	★	❀	◆	◆	❀	❀	★	★	♡	★	❀	❀	★	❀	◆	❀	❀	❀	❀	❀	◆	◆
	O	❀	★	❀	❀	❀	❀	◆	◆	★	♡	★	★	◆	★	◆	◆	❀	❀	◆	◆	❀	◉	❀	❀
	AB	★	❀	❀	❀	◆	◆	◆	❀	♡	★	★	♡	★	◆	❀	❀	❀	❀	◆	◆	◆	❀	◉	◉

蛇				龍				兔				虎				牛				鼠				他／妳	
AB	O	B	A	AB	O	B	A	AB	O	B	A	AB	O	B	A	AB	O	B	A	AB	O	B	A		
❀	◆	◆	❀	❀	❀	❀	◆	❀	◆	❀	❀	♡	★	★	♡	❀	❀	❀	◆	❀	❀	❀	★	A	馬
◆	❀	❀	◆	❀	◆	◉	❀	❀	◆	❀	❀	★	★	♡	★	❀	❀	◆	❀	★	★	♡	❀	B	
◆	❀	❀	◆	❀	◉	◆	❀	◆	❀	◆	◆	★	♡	★	★	❀	◆	❀	❀	❀	★	❀	❀	O	
❀	◆	◆	❀	◆	❀	❀	❀	❀	◆	❀	❀	♡	★	★	♡	◆	❀	❀	❀	★	❀	❀	❀	AB	
❀	★	★	❀	❀	◆	❀	❀	★	★	♡	♡	❀	◆	◆	❀	❀	★	★	❀	◆	❀	❀	◆	A	羊
❀	❀	❀	◆	❀	◆	❀	◆	★	♡	♡	♡	❀	◆	◆	❀	★	★	❀	❀	❀	❀	❀	◆	B	
◆	★	❀	❀	◆	◆	❀	❀	★	★	♡	♡	❀	◆	◆	❀	★	❀	★	★	◆	❀	❀	◆	O	
◆	★	❀	❀	◆	◆	❀	❀	★	★	♡	★	❀	◆	◆	❀	❀	★	★	❀	◆	❀	◉	◆	AB	
◆	❀	❀	◆	♡	★	★	♡	◆	❀	◆	◆	❀	★	★	❀	◆	❀	❀	◉	★	♡	★	♡	A	猴
❀	❀	❀	◉	★	★	♡	♡	◉	❀	❀	◉	★	❀	★	❀	❀	❀	◆	◉	♡	★	★	♡	B	
❀	❀	❀	◉	♡	♡	★	★	◆	❀	❀	◆	★	❀	★	❀	◉	◆	❀	❀	★	★	♡	★	O	
◆	❀	★	◆	♡	★	★	♡	◆	❀	◆	◆	❀	★	★	❀	◉	❀	❀	◆	★	♡	♡	★	AB	
♡	★	★	♡	★	♡	★	♡	★	★	❀	★	❀	◉	◆	◆	♡	♡	♡	★	❀	❀	❀	❀	A	雞
♡	♡	♡	★	♡	♡	♡	★	★	★	★	❀	◆	◆	◆	◆	★	♡	♡	★	◆	◆	❀	◆	B	
♡	♡	♡	★	♡	♡	♡	♡	★	★	❀	❀	◆	◆	◆	◆	★	♡	♡	★	◆	◆	◆	◆	O	
♡	★	★	♡	♡	♡	★	★	❀	❀	★	★	❀	◉	◆	❀	★	♡	♡	★	❀	◆	◆	❀	AB	
◆	◆	◆	◉	❀	★	★	★	♡	♡	★	★	★	★	★	♡	❀	❀	◆	❀	❀	❀	❀	◆	A	狗
◆	◆	◉	◆	❀	★	★	★	★	♡	★	★	♡	♡	★	♡	❀	❀	◆	❀	❀	❀	◆	◉	B	
◆	◆	◉	◆	★	★	❀	❀	★	♡	★	★	★	★	★	♡	◆	◆	❀	◆	❀	❀	◆	◆	O	
◆	◆	◆	◉	★	★	❀	❀	♡	♡	★	★	♡	♡	♡	♡	◆	◆	❀	◆	❀	❀	❀	◆	AB	
★	❀	❀	❀	◆	❀	❀	❀	★	♡	★	♡	❀	◉	◆	❀	◆	❀	❀	◆	❀	❀	❀	❀	A	豬
★	★	❀	❀	❀	❀	❀	❀	♡	♡	★	★	❀	❀	◆	❀	❀	◆	◆	❀	❀	◆	❀	◆	B	
★	★	★	★	❀	◆	◆	❀	★	★	★	♡	❀	❀	◆	❀	❀	❀	❀	❀	◉	◉	◉	◉	O	
❀	★	❀	❀	❀	❀	❀	◆	♡	★	♡	♡	❀	◉	◆	❀	❀	◆	◆	❀	❀	◆	❀	◆	AB	

好♡→★→❀→◆→◉壞

197 你和他的姻緣表

他 / 妳		豬				狗				雞				猴				羊				馬			
		AB	O	B	A	AB	O	B	A	AB	O	B	A	AB	O	B	A	AB	O	B	A	AB	O	B	A
馬	A	◆	❀	❀	◆			★	♡	❀	◉	❀	◆	❀	◆	❀	❀	♡	★	♡	♡	◆	❀	◆	◆
	B	◆	❀	◆	◆	★	★	♡	★	❀	◆	◆	❀	❀	◆	❀	❀	★	♡	♡	♡	◆	❀	◆	◆
	O	◆	❀	❀	◆	♡	♡	★	★	◆	❀	❀	◆	◆	❀	◆	◆	★	★	★	★	❀	◆	❀	❀
	AB	◆	❀	❀	◆	♡	★	★	♡	❀	❀	◆	❀	❀	◆	❀	❀	♡	★	★	♡	◆	❀	◆	◆
羊	A	♡	★	★	♡	◉	❀	❀	❀	◆	❀	❀	❀	◆	◆	❀	❀	◆	❀	❀	◆	★	★	★	♡
	B	★	♡	★	♡	❀	❀	◉	◆	❀	◆	❀	❀	❀	◆	◆	❀	❀	❀	◉	❀	♡	♡	★	★
	O	♡	♡	★	★	◆	❀	❀	❀	❀	❀	◆	❀	❀	◉	❀	❀	❀	◉	❀	❀	♡	★	♡	♡
	AB	★	★	♡	♡	◉	❀	❀	◉	❀	❀	❀	◆	◆	◉	❀	❀	◉	❀	❀	◆	♡	★	★	♡
猴	A	❀	◉	◆	❀	◆	❀	◆	◆	❀	◆	❀	❀	◆	◆	❀	❀	◉	❀	❀	◉	◆	❀	◆	★
	B		❀	◆	❀	❀	❀	❀	◉	◆	◆	❀	❀	◆	◆	❀	❀	◉	❀	❀	◉	❀	❀	❀	◆
	O	◆	❀	❀	❀	❀	❀	❀	◆	❀	◆	❀	❀	❀	❀	◆	★	◉	❀	❀	◉	❀	❀	◆	❀
	AB	◆	❀	❀	❀	◆	❀	❀	◆	❀	◉	❀	❀	❀	❀	◆	◆	◉	❀	❀	◉	◆	★	❀	◆
雞	A	❀	◆	❀	◉	❀	❀	❀	◆	❀	◆	◆	◉	❀	❀	◉	❀	◉	◆	◆	◉	❀	◆	❀	❀
	B	❀	❀	❀	◆	◆	❀	❀	◆	◆	❀	◉	◆	❀	❀	◉	❀	◆	◉	◉	◆	❀	❀	❀	❀
	O	❀	❀	❀	◆	◆	❀	❀	◆	◆	◉	❀	◆	❀	❀	◆	❀	◆	◆	◆	◆	❀	❀	❀	❀
	AB	❀	◆	◆	◆	❀	❀	❀	◆	◉	◆	◉	❀	❀	◆	◉	❀	◉	◆	◆	◉	❀	◆	❀	❀
狗	A	❀	◉	◆	❀	❀	◆	❀	◉	❀	◆	◉	❀	❀	❀	◉	◆	❀	◆	❀	◆	♡	★	★	♡
	B	❀	❀	❀	◆	◆	◆	◉	❀	❀	◉	◆	❀	❀	❀	◆	❀	◆	❀	◆	◉	♡	★	♡	♡
	O	❀	❀	◆	❀	❀	◉	◆	◆	❀	◆	◉	❀	❀	❀	◉	❀	❀	❀	◆	◉	♡	♡	★	♡
	AB	◆	◉	❀	◆	◉	❀	◆	❀	❀	◉	◆	❀	❀	❀	◉	◆	◉	❀	◆	◆	♡	★	★	♡
豬	A	❀	◉	◆	❀	❀	❀	❀	❀	❀	◉	❀	❀	❀	❀	◆	❀	★	♡	♡	★	❀	❀	◆	◉
	B	◉	❀	❀	◉	❀	❀	❀	❀	◉	◉	❀	◆	❀	◆	❀	❀	★	♡	♡	★	❀	❀	◆	◆
	O	❀	◉	◆	❀	❀	◆	◆	❀	❀	◆	◉	◉	◆	❀	❀	◆	★	♡	★	♡	❀	❀	❀	❀
	AB	❀	◆	❀	◆	❀	★	◆	◆	❀	◆	❀	❀	◉	❀	❀	◆	★	♡	★	♡	◆	❀	◆	◉

2.	366 天誕生花與誕生石	李芳黛譯	280 元
3.	科學命相	淺野八郎著	220 元
4.	已知的他界科學	陳蒼杰譯	220 元
5.	開拓未來的他界科學	陳蒼杰譯	220 元
6.	世紀末變態心理犯罪檔案	沈永嘉譯	240 元
7.	366 天開運年鑑	林廷宇編著	230 元
8.	色彩學與你	野村順一著	230 元
9.	科學手相	淺野八郎著	230 元
10.	你也能成為戀愛高手	柯富陽編著	220 元
11.	血型與十二星座	許淑瑛編著	230 元
12.	動物測驗—人性現形	淺野八郎著	200 元
13.	愛情、幸福完全自測	淺野八郎著	200 元
14.	輕鬆攻佔女性	趙奕世編著	230 元
15.	解讀命運密碼	郭宗德著	200 元
16.	由客家了解亞洲	高木桂藏著	220 元

・女醫師系列・品冠編號 62

1.	子宮內膜症	國府田清子著	200 元
2.	子宮肌瘤	黑島淳子著	200 元
3.	上班女性的壓力症候群	池下育子著	200 元
4.	漏尿、尿失禁	中田真木著	200 元
5.	高齡生產	大鷹美子著	200 元
6.	子宮癌	上坊敏子著	200 元
7.	避孕	早乙女智子著	200 元
8.	不孕症	中村春根著	200 元
9.	生理痛與生理不順	堀口雅子著	200 元
10.	更年期	野末悅子著	200 元

・傳統民俗療法・品冠編號 63

1.	神奇刀療法	潘文雄著	200 元
2.	神奇拍打療法	安在峰著	200 元
3.	神奇拔罐療法	安在峰著	200 元
4.	神奇艾灸療法	安在峰著	200 元
5.	神奇貼敷療法	安在峰著	200 元
6.	神奇薰洗療法	安在峰著	200 元
7.	神奇耳穴療法	安在峰著	200 元
8.	神奇指針療法	安在峰著	200 元
9.	神奇藥酒療法	安在峰著	200 元
10.	神奇藥茶療法	安在峰著	200 元
11.	神奇推拿療法	張貴荷著	200 元
12.	神奇止痛療法	漆 浩 著	200 元
13.	神奇天然藥食物療法	李琳編著	200 元

14. 神奇新穴療法	吳德華編著	200 元
15. 神奇小針刀療法	韋丹主編	200 元

・常見病藥膳調養叢書・品冠編號 631

1. 脂肪肝四季飲食	蕭守貴著	200 元
2. 高血壓四季飲食	秦玖剛著	200 元
3. 慢性腎炎四季飲食	魏從強著	200 元
4. 高脂血症四季飲食	薛輝著	200 元
5. 慢性胃炎四季飲食	馬秉祥著	200 元
6. 糖尿病四季飲食	王耀獻著	200 元
7. 癌症四季飲食	李忠著	200 元
8. 痛風四季飲食	魯焰主編	200 元
9. 肝炎四季飲食	王虹等著	200 元
10. 肥胖症四季飲食	李偉等著	200 元
11. 膽囊炎、膽石症四季飲食	謝春娥著	200 元

・彩色圖解保健・品冠編號 64

1. 瘦身	主婦之友社	300 元
2. 腰痛	主婦之友社	300 元
3. 肩膀痠痛	主婦之友社	300 元
4. 腰、膝、腳的疼痛	主婦之友社	300 元
5. 壓力、精神疲勞	主婦之友社	300 元
6. 眼睛疲勞、視力減退	主婦之友社	300 元

・休閒保健叢書・品冠編號 641

1. 瘦身保健按摩術	聞慶漢主編	200 元
2. 顏面美容保健按摩術	聞慶漢主編	200 元
3. 足部保健按摩術	聞慶漢主編	200 元
4. 養生保健按摩術	聞慶漢主編	280 元

・心 想 事 成・品冠編號 65

1. 魔法愛情點心	結城莫拉著	120 元
2. 可愛手工飾品	結城莫拉著	120 元
3. 可愛打扮 & 髮型	結城莫拉著	120 元
4. 撲克牌算命	結城莫拉著	120 元

・少 年 偵 探・品冠編號 66

1. 怪盜二十面相	（精）	江戶川亂步著	特價 189 元
2. 少年偵探團	（精）	江戶川亂步著	特價 189 元

3. 妖怪博士	（精） 江戶川亂步著	特價	189 元
4. 大金塊	（精） 江戶川亂步著	特價	230 元
5. 青銅魔人	（精） 江戶川亂步著	特價	230 元
6. 地底魔術王	（精） 江戶川亂步著	特價	230 元
7. 透明怪人	（精） 江戶川亂步著	特價	230 元
8. 怪人四十面相	（精） 江戶川亂步著	特價	230 元
9. 宇宙怪人	（精） 江戶川亂步著	特價	230 元
10. 恐怖的鐵塔王國	（精） 江戶川亂步著	特價	230 元
11. 灰色巨人	（精） 江戶川亂步著	特價	230 元
12. 海底魔術師	（精） 江戶川亂步著	特價	230 元
13. 黃金豹	（精） 江戶川亂步著	特價	230 元
14. 魔法博士	（精） 江戶川亂步著	特價	230 元
15. 馬戲怪人	（精） 江戶川亂步著	特價	230 元
16. 魔人銅鑼	（精） 江戶川亂步著	特價	230 元
17. 魔法人偶	（精） 江戶川亂步著	特價	230 元
18. 奇面城的秘密	（精） 江戶川亂步著	特價	230 元
19. 夜光人	（精） 江戶川亂步著	特價	230 元
20. 塔上的魔術師	（精） 江戶川亂步著	特價	230 元
21. 鐵人Q	（精） 江戶川亂步著	特價	230 元
22. 假面恐怖王	（精） 江戶川亂步著	特價	230 元
23. 電人M	（精） 江戶川亂步著	特價	230 元
24. 二十面相的詛咒	（精） 江戶川亂步著	特價	230 元
25. 飛天二十面相	（精） 江戶川亂步著	特價	230 元
26. 黃金怪獸	（精） 江戶川亂步著	特價	230 元

・武　術　特　輯・大展編號 10

1. 陳式太極拳入門	馮志強編著	180 元
2. 武式太極拳	郝少如編著	200 元
3. 中國跆拳道實戰 100 例	岳維傳著	220 元
4. 教門長拳	蕭京凌編著	150 元
5. 跆拳道	蕭京凌編譯	180 元
6. 正傳合氣道	程曉鈴譯	200 元
7. 實用雙節棍	吳志勇編著	200 元
8. 格鬥空手道	鄭旭旭編著	200 元
9. 實用跆拳道	陳國榮編著	200 元
10. 武術初學指南	李文英、解守德編著	250 元
11. 泰國拳	陳國榮著	180 元
12. 中國式摔跤	黃　斌編著	180 元
13. 太極劍入門	李德印編著	180 元
14. 太極拳運動	運動司編	250 元
15. 太極拳譜	清・王宗岳等著	280 元
16. 散手初學	冷　峰編著	200 元
17. 南拳	朱瑞琪編著	180 元

18. 吳式太極劍	王培生著	200元
19. 太極拳健身與技擊	王培生著	250元
20. 秘傳武當八卦掌	狄兆龍著	250元
21. 太極拳論譚	沈　壽著	250元
22. 陳式太極拳技擊法	馬　虹著	250元
23. 二十四式 三十二式 太極 拳 劍	闞桂香著	180元
24. 楊式秘傳 129 式太極長拳	張楚全著	280元
25. 楊式太極拳架詳解	林炳堯著	280元
26. 華佗五禽劍	劉時榮著	180元
27. 太極拳基礎講座：基本功與簡化 24 式	李德印著	250元
28. 武式太極拳精華	薛乃印著	200元
29. 陳式太極拳拳理闡微	馬　虹著	350元
30. 陳式太極拳體用全書	馬　虹著	400元
31. 張三豐太極拳	陳占奎著	200元
32. 中國太極推手	張　山主編	300元
33. 48 式太極拳入門	門惠豐編著	220元
34. 太極拳奇人奇功	嚴翰秀編著	250元
35. 心意門秘籍	李新民編著	220元
36. 三才門乾坤戊己功	王培生編著	220元
37. 武式太極劍精華＋VCD	薛乃印編著	350元
38. 楊式太極拳	傅鐘文演述	200元
39. 陳式太極拳、劍 36 式	闞桂香編著	250元
40. 正宗武式太極拳	薛乃印著	220元
41. 杜元化＜太極拳正宗＞考析	王海洲等著	300元
42. ＜珍貴版＞陳式太極拳	沈家楨著	280元
43. 24 式太極拳＋VCD	中國國家體育總局著	350元
44. 太極推手絕技	安在峰編著	250元
45. 孫祿堂武學錄	孫祿堂著	300元
46. ＜珍貴本＞陳式太極拳精選	馮志強著	280元
47. 武當趙堡太極拳小架	鄭悟清傳授	250元
48. 太極拳習練知識問答	邱丕相主編	220元
49. 八法拳　八法槍	武世俊著	220元
50. 地趟拳＋VCD	張憲政著	350元
51. 四十八式太極拳＋DVD	楊　靜演示	400元
52. 三十二式太極劍＋VCD	楊　靜演示	300元
53. 隨曲就伸　中國太極拳名家對話錄	余功保著	300元
54. 陳式太極拳五功八法十三勢	闞桂香著	200元
55. 六合螳螂拳	劉敬儒等著	280元
56. 古本新探華佗五禽戲	劉時榮編著	180元
57. 陳式太極拳養生功＋VCD	陳正雷著	350元
58. 中國循經太極拳二十四式教程	李兆生著	300元
59. ＜珍貴本＞太極拳研究	唐豪・顧留馨著	250元
60. 武當三豐太極拳	劉嗣傳著	300元
61. 楊式太極拳體用圖解	崔仲三編著	400元

62. 太極十三刀	張耀忠編著	230 元
63. 和式太極拳譜＋VCD	和有祿編著	450 元
64. 太極內功養生術	關永年著	300 元
65. 養生太極推手	黃康輝編著	280 元
66. 太極推手祕傳	安在峰編著	300 元
67. 楊少侯太極拳用架真詮	李璉編著	280 元
68. 細說陰陽相濟的太極拳	林冠澄著	350 元
69. 太極內功解祕	祝大彤編著	280 元
70. 簡易太極拳健身功	王建華著	180 元
71. 楊氏太極拳真傳	趙斌等著	380 元
72. 李子鳴傳梁式直趟八卦六十四散手掌	張全亮編著	200 元
73. 炮捶 陳式太極拳第二路	顧留馨著	330 元
74. 太極推手技擊傳真	王鳳鳴編著	300 元
75. 傳統五十八式太極劍	張楚全編著	200 元
76. 新編太極拳對練	曾乃梁編著	280 元
77. 意拳拳學	王薌齋創始	280 元
78. 心意拳練功竅要	馬琳璋著	300 元
79. 形意拳搏擊的理與法	買正虎編著	300 元
80. 拳道功法學	李玉柱編著	300 元
81. 精編陳式太極拳拳劍刀	武世俊編著	300 元
82. 現代散打	梁亞東編著	200 元
83. 形意拳械精解（上）	邸國勇編著	480 元
84. 形意拳械精解（下）	邸國勇編著	480 元
85. 楊式太極拳詮釋【理論篇】	王志遠編著	200 元
86. 楊式太極拳詮釋【練習篇】	王志遠編著	280 元
87. 中國當代太極拳精論集	余功保主編	500 元
88. 八極拳運動全書	安在峰編著	480 元
89. 陳氏太極長拳 108 式＋VCD	王振華著	350 元

・彩色圖解太極武術・大展編號 102

1. 太極功夫扇	李德印編著	220 元
2. 武當太極劍	李德印編著	220 元
3. 楊式太極劍	李德印編著	220 元
4. 楊式太極刀	王志遠著	220 元
5. 二十四式太極拳(楊式)＋VCD	李德印編著	350 元
6. 三十二式太極劍(楊式)＋VCD	李德印編著	350 元
7. 四十二式太極劍＋VCD	李德印編著	350 元
8. 四十二式太極拳＋VCD	李德印編著	350 元
9. 16 式太極拳 18 式太極劍＋VCD	崔仲三著	350 元
10. 楊氏 28 式太極拳＋VCD	趙幼斌著	350 元
11. 楊式太極拳 40 式＋VCD	宗維潔編著	350 元
12. 陳式太極拳 56 式＋VCD	黃康輝等著	350 元
13. 吳式太極拳 45 式＋VCD	宗維潔編著	350 元

14. 精簡陳式太極拳 8 式、16 式	黃康輝編著	220 元
15. 精簡吳式太極拳<36 式拳架・推手>	柳恩久主編	220 元
16. 夕陽美功夫扇	李德印著	220 元
17. 綜合 48 式太極拳＋VCD	竺玉明編著	350 元
18. 32 式太極拳（四段）	宗維潔演示	220 元
19. 楊氏 37 式太極拳＋VCD	趙幼斌著	350 元
20. 楊氏 51 式太極劍＋VCD	趙幼斌著	350 元

・國際武術競賽套路・大展編號 103

1. 長拳	李巧玲執筆	220 元
2. 劍術	程慧琨執筆	220 元
3. 刀術	劉同為執筆	220 元
4. 槍術	張躍寧執筆	220 元
5. 棍術	殷玉柱執筆	220 元

・簡化太極拳・大展編號 104

1. 陳式太極拳十三式	陳正雷編著	200 元
2. 楊式太極拳十三式	楊振鐸編著	200 元
3. 吳式太極拳十三式	李秉慈編著	200 元
4. 武式太極拳十三式	喬松茂編著	200 元
5. 孫式太極拳十三式	孫劍雲編著	200 元
6. 趙堡太極拳十三式	王海洲編著	200 元

・導引養生功・大展編號 105

1. 疏筋壯骨功＋VCD	張廣德著	350 元
2. 導引保建功＋VCD	張廣德著	350 元
3. 頤身九段錦＋VCD	張廣德著	350 元
4. 九九還童功＋VCD	張廣德著	350 元
5. 舒心平血功＋VCD	張廣德著	350 元
6. 益氣養肺功＋VCD	張廣德著	350 元
7. 養生太極扇＋VCD	張廣德著	350 元
8. 養生太極棒＋VCD	張廣德著	350 元
9. 導引養生形體詩韻＋VCD	張廣德著	350 元
10. 四十九式經絡動功＋VCD	張廣德著	350 元

・中國當代太極拳名家名著・大展編號 106

1. 李德印太極拳規範教程	李德印著	550 元
2. 王培生吳式太極拳詮真	王培生著	500 元
3. 喬松茂武式太極拳詮真	喬松茂著	450 元
4. 孫劍雲孫式太極拳詮真	孫劍雲著	350 元

5.	王海洲趙堡太極拳詮真	王海洲著	500 元
6.	鄭琛太極拳道詮真	鄭琛著	450 元
7.	沈壽太極拳文集	沈壽著	630 元

・古代健身功法・大展編號 107

1.	練功十八法	蕭凌編著	200 元
2.	十段錦運動	劉時榮編著	180 元
3.	二十八式長壽健身操	劉時榮著	180 元
4.	三十二式太極雙扇	劉時榮著	160 元
5.	龍形九勢健身法	武世俊著	180 元

・太極跤・大展編號 108

1.	太極防身術	郭慎著	300 元
2.	擒拿術	郭慎著	280 元
3.	中國式摔角	郭慎著	350 元

・原地太極拳系列・大展編號 11

1.	原地綜合太極拳 24 式	胡啟賢創編	220 元
2.	原地活步太極拳 42 式	胡啟賢創編	200 元
3.	原地簡化太極拳 24 式	胡啟賢創編	200 元
4.	原地太極拳 12 式	胡啟賢創編	200 元
5.	原地青少年太極拳 22 式	胡啟賢創編	220 元
6.	原地兒童太極拳 10 捶 16 式	胡啟賢創編	180 元

・名師出高徒・大展編號 111

1.	武術基本功與基本動作	劉玉萍編著	200 元
2.	長拳入門與精進	吳彬等著	220 元
3.	劍術刀術入門與精進	楊柏龍等著	220 元
4.	棍術、槍術入門與精進	邱丕相編著	220 元
5.	南拳入門與精進	朱瑞琪編著	220 元
6.	散手入門與精進	張山等著	220 元
7.	太極拳入門與精進	李德印編著	280 元
8.	太極推手入門與精進	田金龍編著	220 元

・實用武術技擊・大展編號 112

1.	實用自衛拳法	溫佐惠著	250 元
2.	搏擊術精選	陳清山等著	220 元
3.	秘傳防身絕技	程崑彬著	230 元
4.	振藩截拳道入門	陳琦平著	220 元

5.	實用擒拿法	韓建中著	220 元
6.	擒拿反擒拿 88 法	韓建中著	250 元
7.	武當秘門技擊術入門篇	高翔著	250 元
8.	武當秘門技擊術絕技篇	高翔著	250 元
9.	太極拳實用技擊法	武世俊著	220 元
10.	奪凶器基本技法	韓建中著	220 元
11.	峨眉拳實用技擊法	吳信良著	300 元
12.	武當拳法實用制敵術	賀春林主編	300 元
13.	詠春拳速成搏擊術訓練	魏峰編著	280 元
14.	詠春拳高級格鬥訓練	魏峰編著	280 元
15.	心意六合拳發力與技擊	王安寶編著	220 元

・中國武術規定套路・大展編號 113

1.	螳螂拳	中國武術系列	300 元
2.	劈掛拳	規定套路編寫組	300 元
3.	八極拳	國家體育總局	250 元
4.	木蘭拳	國家體育總局	230 元

・中華傳統武術・大展編號 114

1.	中華古今兵械圖考	裴錫榮主編	280 元
2.	武當劍	陳湘陵編著	200 元
3.	梁派八卦掌（老八掌）	李子鳴遺著	220 元
4.	少林 72 藝與武當 36 功	裴錫榮主編	230 元
5.	三十六把擒拿	佐藤金兵衛主編	200 元
6.	武當太極拳與盤手 20 法	裴錫榮主編	220 元
7.	錦八手拳學	楊永著	280 元
8.	自然門功夫精義	陳懷信編著	500 元
9.	八極拳珍傳	王世泉著	330 元
10.	通臂二十四勢	郭瑞祥主編	280 元
11.	六路真跡武當劍藝	王恩盛著	230 元

・少 林 功 夫・大展編號 115

1.	少林打擂秘訣	德虔、素法編著	300 元
2.	少林三大名拳 炮拳、大洪拳、六合拳	門惠豐等著	200 元
3.	少林三絕 氣功、點穴、擒拿	德虔編著	300 元
4.	少林怪兵器秘傳	素法等著	250 元
5.	少林護身暗器秘傳	素法等著	220 元
6.	少林金剛硬氣功	楊維編著	250 元
7.	少林棍法大全	德虔、素法編著	250 元
8.	少林看家拳	德虔、素法編著	250 元
9.	少林正宗七十二藝	德虔、素法編著	280 元

10. 少林瘋魔棍闡宗	馬德著	250 元
11. 少林正宗太祖拳法	高翔著	280 元
12. 少林拳技擊入門	劉世君編著	220 元
13. 少林十路鎮山拳	吳景川主編	300 元
14. 少林氣功祕集	釋德虔編著	220 元
15. 少林十大武藝	吳景川主編	450 元
16. 少林飛龍拳	劉世君著	200 元
17. 少林武術理論	徐勤燕等著	200 元
18. 少林武術基本功	徐勤燕編著	200 元

・迷蹤拳系列・ 大展編號 116

1. 迷蹤拳（一）+VCD	李玉川編著	350 元
2. 迷蹤拳（二）+VCD	李玉川編著	350 元
3. 迷蹤拳（三）	李玉川編著	250 元
4. 迷蹤拳（四）+VCD	李玉川編著	580 元
5. 迷蹤拳（五）	李玉川編著	250 元
6. 迷蹤拳（六）	李玉川編著	300 元
7. 迷蹤拳（七）	李玉川編著	300 元
8. 迷蹤拳（八）	李玉川編著	300 元

・截拳道入門・ 大展編號 117

1. 截拳道手擊技法	舒建臣編著	230 元
2. 截拳道腳踢技法	舒建臣編著	230 元
3. 截拳道擒跌技法	舒建臣編著	230 元
4. 截拳道攻防技法	舒建臣編著	230 元
5. 截拳道連環技法	舒建臣編著	230 元
6. 截拳道功夫匯宗	舒建臣編著	230 元

・少林傳統功夫漢英對照系列・ 大展編號 118

1. 七星螳螂拳－白猿獻書	耿軍著	180 元
2. 七星螳螂拳－白猿孝母	耿軍著	180 元

・道 學 文 化・ 大展編號 12

1. 道在養生：道教長壽術	郝勤等著	250 元
2. 龍虎丹道：道教內丹術	郝勤著	300 元
3. 天上人間：道教神仙譜系	黃德海著	250 元
4. 步罡踏斗：道教祭禮儀典	張澤洪著	250 元
5. 道醫窺秘：道教醫學康復術	王慶餘等著	250 元
6. 勸善成仙：道教生命倫理	李剛著	250 元
7. 洞天福地：道教宮觀勝境	沙銘壽著	250 元

國家圖書館出版品預行編目資料

B 血型與十二生肖 / 萬年青 編著
——初版，——臺北市，品冠文化，2008〔民 97 . 03〕
面；21 公分，——（血型系列；2）
ISBN 978－957－468－593－6（平裝）
1.血型 2.生肖
293.6 97000442

B 血型與十二生肖

ISBN 978－957－468－593－6

編 著／萬 年 青
發行人／蔡 孟 甫
出版者／品冠文化出版社
社 址／台北市北投區（石牌）致遠一路 2 段 12 巷 1 號
電 話／（02）28233123 · 28236031 · 28236033
傳 眞／（02）28272069
郵政劃撥／19346241
網 址／www.dah-jaan.com.tw
E－mail／service@dah-jaan.com.tw
承印者／國順文具印刷行
裝 訂／建鑫裝訂有限公司
排版者／弘益電腦排版有限公司
初版 1 刷／2008 年（民 97 年）3 月

定 價／180 元

一億人閱讀的暢銷書！

4 ～ 26 集　定價300元　特價230元

.大金塊　5.青銅魔人　6.地底魔術王　7.透明怪人　8.怪人四十面相　9.宇宙怪人

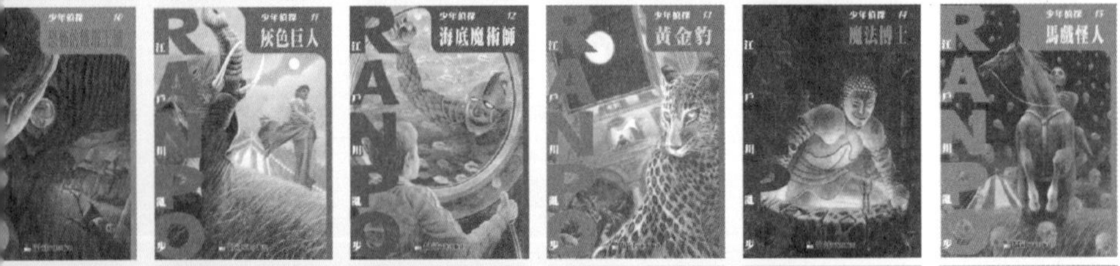

恐怖的鐵塔王國　11.灰色巨人　12.海底魔術師　13.黃金豹　14.魔法博士　15.馬戲怪人

.魔人銅鑼　17.魔法人偶　18.奇面城的秘密　19.夜光人　20.塔上的魔術師　21.鐵人Q

假面恐怖王　23.電人M　24.二十面相的詛咒　25.飛天二十面相　26.黃金怪獸

品冠文化出版社

地址：臺北市北投區
致遠一路二段十二巷一號
電話：〈02〉28233123
郵政劃撥：19346241